동부수필 5집

누가 저 산국을 다 베었을까

2025

동부수필 5집

누가 저 산국을 다 베었을까

초판 1쇄 인쇄 | 2025년 09월 30일
지은이 | 동부수필문학회
펴낸이 | 이재욱(필명:이승훈)
펴낸곳 | 해드림출판사
주　　소 | 서울 영등포구 경인로82길 3-4(문래동1가 39)
　　　　　센터플러스빌딩 1004호(07371)
전 화 | 02-2612-5552
팩 스 | 02-2688-5568
E-mail | jlee5059@hanmail.net

등록번호　제2013-000076
등록일자　2008년 9월 29일

ISBN　979-11-5634-651-7

동부수필 5집

누가 저 산국을 다 베었을까

동부수필문학회

해드림출판사

권두시

개미에 관한 보고서

엄정숙

임대아파트 반지하에 사는 개미들이
죽은 사마귀를 끌고 간다
트랙을 관통하는 하이웨이 속도를 감추고
발과 발의 연결로 치밀하게 계산된
일사불란한, 한결같은 보폭이다
가본 길과 가보지 않은 길 사이에서
머뭇거리다 자주 되돌아온 길
반복의 길을 군침을 흘리며 간다
암기하는 길마다 좌표를 만들고
땅굴과 터널로 영토를 확장하는
풍화되지 않은 문명
필시 빙하기를 기억하는 종족이다
주술도 없고 종교도 없어
불러들일 것은 동족의 허기뿐
하루의 중심이 지하로 쏠려 내려가고

지상의 대척점 어디쯤에서
술 취한 개미가 층간소음을 타고
잠입한 사실이 여름날 수국 꽃처럼 부푼다
아파트 주민들이 개미집 퇴치를 위해
다급하게 반상회를 여는 저녁
동네 별들은 동분서주,
개미의 연대기를 다시 쓴다

차례

권두 시 | 개미에 관한 보고서 − 엄정숙   4

임병식

내가 본 선경(仙境)	14
부상(扶桑)과 함지(咸池)	19
벼농사	23
호롱불	29

엄정숙

가방을 차렷 자세로 세우다	36
어긋난 당일치기	40
태풍의 계절	44
장날을 스케치하다	49

동 부 수 필 5 집

곽경자

그땐 그랬지	55
금오도 일지 9	59
추석 장을 보면서	63
금오도일지 17	66

윤문칠

사진 한 장의 추억	71
생선 세 마리	75
아버지의 군불 사랑	78
초복 날의 갯장어	81

김종호

로마와 지중해 크루즈 여행	86
쉼 없이 달려온 나에게 준, 멋있는 보상	91
성지순례와 희년	96
까르페 디엠(carpe diem)	101

이선덕

리모델링	109
슬픔은 수용성이다	112
산 벚나무 꽃 필 때쯤	115
슬픈 초대	118

이희순

새끼를 꼬아보자	123
굴종의 시대	128
기역 디귿 시옷	131
웃줄로 태어나	138

양달막

붕어빵	144
외팔이 철학자	149
주차장의 남학생	153
인도의 주차 풍경	157

동　부　수　필　5　집

이승훈

소멸적 기쁨　164
마당이 있는 집 1　168
마당이 있는 집 2　172
마당이 있는 집 3　176

차성애

그 겨울 우리는 따뜻했다　182
다시 집이 되다　186
기적을 걷는 아이들　190
빙판 위의 눈물, 피로 쓴 대한독립　195

박주희

모사금 노을을 듣다　201
얼굴 바위를 경청하다　205
백야도 길을 닫다　208
만성리 블루스　212

이화

홀로 사는 즐거움	217
오래된 마당을 만나다	221
강물을 따라 마음도 흘러갔다	225
가을의 속삭임 앞에 서다	229

임경화

그때 노래가 있었다	235
이야기가 삶을 관통할 때	240
지리산으로 달려간다	246
정다운 나의 겨울 친구	251

오순아

상애떡	258
그녀의 마당	262
황리단길에서 타로점을 보다	266
이불 홑청과 재봉틀	270

동　부　수　필　5　집

백이석	빈센트 반 고흐의 숨결을 찾아서	276
	용궐산 하늘길 오르며	280
	제주도 참새 할매	283

동부수필문학회 연혁 및 기본현황　　285

1989《한국수필》등단. 한국문인협회 회원.
한국수필가 협회 이사.
한국수필작가회· 동부수필· 여수수필 고문
문인협회여수지부장 및 한국수필작가회 회장 역임

저서

수필집:「지난 세월 한 허리를」「방패연」「빈들의 향기, 백비」
　　　「아내의 저금통」
선 집:「왕거미 집을 보면서」「오직 수필 하나 붙들고」
수필작법서 :「수필쓰기 핵심」
테마수필집:「수석이야기」
80년대 작가 6인 수필집「여섯 빛깔 숲으로의 초대」

전남문학상. 한국수필문학상 . 한국문협작가상 수상
중학교 국어교과서(2-1)에 작품 〈문을 밀까, 두드릴까〉 수록
수필작법서: 수필쓰기 핵심(대학교재 채택)

임병식

내가 본 선경(仙境)
부상(扶桑)과 함지(咸池)
벼농사
호롱불

내가 본 선경(仙境)

 주마간산(走馬看山)이라 함은 꼭 달리는 말 위에서 산을 보듯이 하지는 않더라도 무엇을 건성으로 본다는 의미를 지니고 있다. 그렇다하여 두 발을 고정하고 무엇을 본다고 해서 제대로 보는 것일까. 한 곳에 마음이 머물지 않으면 보아도 본 것은 아닐 터이다.
 그동안 아낙군수로 지내다가 모처럼 외국에 나가 돌아오는 인천국제공항 출구에서 인상적인 것을 보았다. 움직이는 왕의 행차도인데 애니메이션 영상물로 제작되어 있었다. 그것을 보노라니 아닌 게 아니라 그게 어찌나 숨차던지 시선을 따라잡기가 어려웠다. 그렇지만 눈은 즐겁고 신선했다.
 내가 다녀온 곳은 관광지로 널리 알려진 베트남 북부지역 꽝린성 하롱베이. 그러나 나는 달리는 버스 안에서 기대하고 선망한 것을 미리서 모두 보아버렸다. 해안도로 저편에서 원산경이 펼쳐지는데 그것은 꿈에서나 볼 수 있는 환상적인 전경이었던 것이다. 그 전경이 차를 타고 지나는 10분 넘게 이어지고 있었다.

말하자면 병풍식으로, 대작의 파노라마가 펼쳐진 전경이었다. 산경이 산경과 겹치고 그것이 포개진 상태로 내 눈에는 그것이 안견이 그렸다는 한 폭의 '몽유도원도'에 못지않았다.

하지만 몽유도원도는 허상으로서 실물 전경도 아니고 국보는 아니다. 국내에 있다면 그래도 국보에 포함되어야 하겠지만 아쉽게도 그것은 지금 일본의 천리대에 보관 중이다. 무슨 연유로 반출이 되었는지 알 수 없는데 반드시 찾아와야 할 우리의 보물임은 확실하다.

이 그림은 안평대군이 꾼 꿈을 이야기 하자, 당대 산수화의 대가인 안견이 3일 만에 완성했다는 작품이다. 거기에는 수많은 당대의 유명 인사들의 발문도 적혀있는 것으로 알려졌다.

전에 오는 말에 의하면 안견과 안평대군은 한때 가까이 지냈다고 한다. 그런데 정세판단이 뛰어난 안견은 안평대군과 더 이상 가까이 했다가는 화를 입을 것을 예견하고서 미리서 멀리하려는 계책을 꾸몄다고 한다. 두 가지 설이 전해오는데 하나는 안평대군의 글씨에 먹물을 떨어뜨렸다는 것이다.

또 다른 이설은 안평대군에게는 명나라의 용매먹이 있었는데 이것을 훔쳤다는 것이다. 둘 다 거리를 두려고 한 의도가 드러난다. 터놓고 노골적으로는 멀리 할 수는 없고 은근히 심기를 거슬린 것이다.

그래놨으니 안평대군과는 가까워질 수 없고, 자연스레 멀어지게 되었다. 이후로 그는 의도한 대로 수양대군에게 다가섰다. 그러고선 세조를 비롯하여 그의 핏줄을 잇는 여러 왕들의 편에 서서 칠

십을 넘겨 천수를 누렸다.

 아무튼, 그 전경은 보는 내내 끝없이 이어졌고 그것은 한없이 황홀경에 빠져들게 만들었다. 물론 그것들은 3천여 개가 넘은 섬들이 펼쳐 놓은 것이었지만 멀리서 보기에 일매지게 하나의 병풍에 한 작품을 그려놓은 듯이 풍광을 보여주었다. 시작 지점이 이미 수십 킬로미터를 지나왔는데도 끝이 보이지 않고 있었다.

 일찍이 이이 선생은 여덟 살 때 쓴 시에 '작은 산이 큰 산을 가리는 것은 그것이 앞에 있기 때문'이라고 표현했다고 한다. 그 어린 천재의 표현처럼 산경이 첩첩이 가려진 듯 보이는 것은 소위 부감법(附瞰法)에 더하여 조광효과(照光效果)까지 나타나고 있어서인지 몰랐다. 그렇지만 나중에 본 그것들은 모두가 독립되어 하나하나가 모두 저마다의 특색을 나타내고 있었다.

 섬은 하나의 특징이 있다. 양 끝단이 모두 절벽으로 이루어져 있다는 것이다. 그렇지 않다면 그것은 산이지 섬으로 볼 수 없다. 이는 수석을 애완하는 사람은 감각적으로 바로 안다.

 수많은 섬이 섬으로 존재하는 것은 어느 한 시기에 분출한 용암이 서서히 식어가면서 그런 모양을 만들어 낸 것이다. 이 섬 역시도 수 천만년 전에 융기한 것들이 그렇게 솟아서 식어갔을 것이다.

 그것은 하나같이 멋이 있고 아름다웠다. 특히 하롱베이 해안에서 만난 누어동굴과 하늘동굴, 승솟 동굴은 천하 비경으로 보는 사람을 깜짝 놀라게 만드는 장관이었다. 궁금증이 일어 가이드에게 '승솟'의 뜻을 물었다. 베트남어로 '깜짝 놀람'이라는 말이라고 한다. 아닌 게 아니라 그것은 '악' 소리가 나오게 만들었다.

이 동굴의 발견은 비교적 최근인 1993년이라고 한다. 한 어부가 태풍을 피해 숨어들면서 알려졌는데 내가 보기에 이곳이 베트남 사람들을 먹여 살릴 수 있는 자원이 아닌가 싶었다. 이 일대를 유네스코에서는 세계자연유산 제 1호로 선정했다고 한다. 국가에서는 그것을 크게 부각하며 홍보하고 있었다.

그렇지만 나는 관점을 조금 달리한다. 여기에 오밀조밀 몰려있는 작은 섬들이 하나의 관광자원인 것은 맞지만 이것은 가까이 다가가 보는 재미도 있지만, 조금은 떨어진 곳에서 보아야 진미를 느끼게 되는 것이 아닐까.

수석을 좋아하는 내 관점에서 보면 버스를 타고 지나면서 본 실루엣 속의 경관이야말로 혼을 빼놓도록 환상적이었기 때문이다. 바라보면서 '저것이야말로 도원경'이 아닐까, 수없이 생각하며 감탄했던 것이다.

아무래도 낱개로 구분 지어 보기보다는 한 덩어리로 바라보는 편이 내 눈에는 더욱 좋아보였다. 그렇다면 홍보도 그 점에다 초점을 맞춰야 하지 않을까.

내가 왜 그 말을 하느냐 하면 가이드는 다른 곳에서는 열심히 설명을 했지만, 막상 그곳을 지날 때는 입을 닫고 말이 없었던 것이다. 다소 지친 관광객을 위해 배려 차원에서 달리는 버스에서나마 눈을 좀 감고서 쉬라는 것인지는 모르지만, 그것은 아니지 않는가 한다.

내가 그 점을 특별히 강조하는 것은 가이드가 말이 없는 바람에 나조차도 그 전경을 놓칠 뻔해서이다. 만약에 내가 차안에서 눈을 감고서 졸고 있었다면 그 지나간 10여 분 동안 스친 첩첩산경의 비경을 놓치고 말았을 것이 아닌가.

그리고 그 누구도 이곳을 다녀온 여행기나 감상문에다 그 광경을 언급해 둔 것은 보지 못하였다. 그래서 특별히 글을 쓰면서 언급해 두는 것이다. 뷰포인트를 특별히 몇 군데 고정하여 두지 말고, 하나를 추가하여 주마간산식이나마 바라보게 하면 어떨까.

사람마다 보는 관점이 다르겠지만 아무튼 나는 그게 무엇보다 좋았고 그 느낀 비경을 가슴에 담고 돌고 왔다. 내가 워낙에 수석을 좋아하는 가운데 그것도 하나의 원산경(遠山景)으로 보아서인지는 모르지만.(2025)

부상(扶桑)과 함지(咸池)

우리는 자연계 속에 살면서 현상의 반전을 경험한다. 날이 새어 밝아오면 일어나 활동하고 해가 져서 어두워지면 잠을 잔다. 그 반복을 하루도 빼놓지 않는다. 해와 달도 마찬가지다. 사람과 마찬가지로 하루를 시작해서 거르지 않고 솟았다 지기를 반복한다.

그런 현상을 보면서 나와는 상관도 없다는 듯이 지나다가 어느 날 갑자기 골똘해졌다. 나이가 80이 넘어 생각난 것이다. 이제야 물리가 좀 트이려는가. 선승이 붙잡고 정진하는 화두(話頭)처럼 하루의 시작점과 끝을 살펴보게 된다. 먼저 관심을 갖는 것은 하루를 여는 개시(開始)의 때이다. 용케 사는 아파트 인근에 토종닭을 풀어놓고 키우는 집이 있어 새벽이면 자명종을 울리듯 닭 울음소리(鷄鳴)가 들려온다.

하지만 이때는 아직 그믐달도 중천에 걸려있고 한밤에 돋아난 별들도 생생하다. 여명(黎明)이 밝아오려면 한참은 있어야 한다. 이때는 사물을 분간하기 어렵다. 동녘하늘에 부끄럼 많은 소녀의

임병식   19

볼에 핀 홍조처럼 서광의 기운이 돌 때쯤 되어야 희끄무레한 밝음이 찾아올 것이다.

 언제쯤 해가 떠오를까. 잠도 설친 마당에 무슨 숙제라도 풀 듯이 밖으로 나와 본다. 아직 사위는 어두워 걷기에 조심스럽다. 해돋이 관망이 가능한 곳으로 발걸음을 뗀다. 꾸물대고 나섰지만 해는 아직 떠오르지 않았다. 기도비닉(企圖秘匿)하듯 숨어 있는 해를 기다린다. 이때 먼 곳에서 붉은 기운이 짙어오더니 기미를 보인다. 미구에 모습을 나타낼 모양이다. 앞산이 가려서 수평선을 보지 못하지만 이미 해는 모습을 나타냈을 것이다.

 마침내 눈앞에 해가 떠오른다. 둥그런 것이 만월처럼 크고 탐스럽다. 아직은 달궈지지 않았는지 눈이 부시지 않는다. 해는 어느 한순간 불쑥 솟더니 잠시 주춤하다 마침내 내닫기 시작한다.

 해가 떠오르는 곳을 일러 부상(扶桑)이라고 한다던가. 왜 그리 부른지는 모른다. 아무튼 그 부상이 커다란 불덩어리를 밤새 품고 있어서인지 떠오른 자리가 유독 붉게 느껴진다. 이제 막 떠오르는 해는 서광(瑞光). 아니나 다를까 말뜻대로 상서로운 기운이 무척이나 젊어 보이고 싱싱하다. 이런 해는 마냥 한곳에 떠 있지 않는다. 달이 차면 기울고 사람도 아침과 낮, 저녁을 보내듯이 하루를 보내면서 서녘으로 사라진다. 이번에는 함지(咸池)에 빠진다. 함지는 커다란 연못이라는 뜻. 사람들의 과장법은 가히 알아줄 만하다. 해를 빠뜨릴 만한 연못이 있다니. 믿거나 말거나지만 있다니 믿어야지 어쩌겠나.

 낙조 속으로 사라지는 해는 떠오를 때와는 달리 이번에는 정반대의 여정을 거친다. 떠오를 때는 주위의 어둠을 밀치고 나오지만, 이번에는 밀려드는 어둠에 싸여서 가뭇없이 사라진다. 이때 피어나는 노을은 아침 동녘에 뜨는 노을보다 훨씬 더 아름답고 장엄하다. 불그레하게 물든 것이 인생을 살 만큼 산 사람의 술 취한 낯빛 같다. 한층 더 비장미가 어린다.

아침을 여는 빛이 여명이라면 땅거미가 지는 시각은 여휘(餘暉)의 순간이다. 아직은 불기운이 남아서 어둠을 밀어낸다. 그런 다음은 어둑발이 내린다.

나는 '땅거미가 내린다'는 말에 동의하지 못한다. 흔히 그렇게 쓰는 것을 보는데 내가 경험한 바로는 그것이 아니다. 내리는 것이 아니라 땅바닥으로부터 차오르는 것이었다. 운무가 아래쪽으로부터 나직이 깔리듯이 땅거미도 그렇게 아래로 깔리면서 차차로 신발을 덮고 무릎으로 차올랐다. 그것도 일시에 덮치는 것이 아니라 바다의 썰물이 다시 시나브로 차오를 때처럼 그렇게 서서히 으스름 속을 스며들었다.

또 다른 경험도 있다. 흔히 여명을 앞둔 직전이 가장 어둡다고 하는데 이 말에는 의문을 품지 않고 동의한다. 경험을 했던 것이다. 조금은 특별한 방법으로.

득량과 보성읍 간에는 기러기 재라는 고개가 있다. 두 지역 간에는 표고차가 거의 2백 미터나 나서 일제강점기 철로를 놓으면서 터널을 뚫었다. 그 길이가 대략 1키리 미터쯤으로 한쪽에서 보면 출구가 마주 보이는데 작은 양푼크기로 보인다. 그곳을 소년시절 모험삼아서 기차가 오지 않는 시간을 이용하여 걸어보기로 했다. 그때 체험한 것인데 출구를 2백 미터 쯤 이를 때 갑자기 깜깜해졌다. 그것을 경험했던 것이다.

그리고 체험을 통해서 안 것이지만 무서리와 이슬은 초저녁에 내리거나 맺지 않는다. 이른 아침에 그런 현상이 일어난다. 또한 야행성 동물이 아니면 여느 동물은 새벽에 기동하지 않는다. 그리고 밤에는 소 또한 목에 매단 워낭을 흔들지 않는다.

해가 함지에 빠지고 땅거미 질 때는 어떤가. 서녘하늘에 개밥바라기 미인의 속눈썹 같은 샛별이 떠오르고 어둠이 지붕 위까지 오르면 박꽃이 피어난다. 하얀 꽃잎을 우산처럼 펼치고 하늘을 바라본다.

그런 광경은 어디서 보기도 어렵지만, 워낙에 강렬하게 머리에 박혀있어 따로 찾아 나서지 않아도 충분히 떠올리고 느낀다. 아침은 물꼬 돌보고 돌아오는 것으로 마치지만 땅거미 짙어지는 시간은 하는 일이 많아진다. 소죽 끓이고 비라도 내릴 기미가 보이면 비설거지하고 닭장문도 확인해야 한다.

이때면 특별히 잊히지 않는 일이 있다. 텃밭에 나가신 어머니가 호밋자루 들고 휘청휘청 돌아오시는 것이다. 그런 어머니 적삼에서는 쉰내가 났다. 자식들 건사하느라 흘리신 땀 내음이었다. 그것을 어찌 잊을까.

해서 나는 동터오는 새벽의 은밀한 분위기도 잊지 못하지만 해가 지고난 후 여휘가 깔리면서 하루가 마감되는 시각도 잊지 못한다. 그것은 그 시점이 하루를 열고나서 주간을 마무리 짓는 매듭의 분기점이어서인지 모른다.(2025)

벼농사

  농가의 일상은 농번기가 아니면 비교적 한가하다. 바쁠 것 없는 눈에는 소소한 일상이 눈에 그대로 들어온다. 가령 해가 저물면 홰에 오르는 닭의 모습이 보이고, 초가의 처마에 모여드는 참새들의 모습도 드러난다.

  하지만 일단 농사철이 시작되어 농번기로 접어들면 한가한 것들을 볼 사이 없이 농사일에 집중해야 한다. 농촌에서 뭐니 뭐니 해도 중요한 것은 논농사이다. 농사는 계절에 맞추어 준비를 해야 한다. 처음에 할 일은 모판을 마련하는 일이다.

  해동이 되어 논바닥 지열이 오르기 시작하면 농부들은 모판 돌보기에 정성을 다한다. 볍씨 뿌리기에서부터 피사리까지 잠시도 소홀히 하지 않는다.

  나는 이 모판을 생각하면 꽂히는 데가 있다. 지금 바로 내가 쓴 글이 중학교 국어교과서에 실려서 학생들이 그것을 공부하고 있기 때문이다.

임병식

글 내용은, 모판에 씨뿌리기를 하는 과정에서 소년농부는 늙은 농부와 겨루기를 하는데 결국 소년이 이기고 만다. 나는 이글을 통해서 무슨 일이든지 자만해서는 아니 되며 꾸준히 절차탁마하는 노력이 필요함을 강조했다.

모판의 벼가 어느 정도 자라 올라 푸른색으로 물결치면 반드시 해야 하는 일이 있다. 그것은 피사리이다. 벼와 피는 밀과 가라지 만큼이나 구별이 쉽지 않아서 신경을 써야 한다. 물론, 열매가 익을 때는 쉽게 가려지지만 자랄 때는 잎 모양과 줄기가 너무나 벼와 비슷해서 경험이 없는 사람은 혼란을 겪는다. 구분하는 방법은 피는 벼에 비해 조금 연한 색이며 만지면 매끄러운 것이 특징이다.

농촌에서 가장 큰 바루판은 모내기다. 이때는 보리수확이 끝나고 모내기철이 겹쳐서 가장 바쁜 시기이다. 이때를 맞아 마을 사랑방에서는 중요한 일정이 잡힌다. 뉘댁부터 모내기를 할 것인가 정하는 것이다. 모내기를 하자면 손포가 스무 명에서 서른 명은 돼야 해서 총동원령이 내려진다. 순서에 따라서 차례로 일정이 잡히면 일은 일사천리로 진행된다.

모심기는 줄잡이가 필요하다. 능률도 관계가 있지만 줄잡이를 잘 해야 바르게 잘 심어진다. 그 일은 대개 주인집에서 주도권을 잡게 된다. 아버지와 아들이 그 일을 맡는다.

"자-"

"저-"

이것은 못줄을 떼면서 외치는 소리다. 세상에 부자간 터놓고 맞먹는 소리라니. 이럴듯 부자가 노골적으로 맞먹기는 일은 아마도 이것밖에 없을 것이다. 대략 15미터에서 20미터 사이를 두고 못줄을 떼는데 이때는 팽팽하게 당겨야 해서 호흡을 맞춰서 해야 한다. 그렇지 않으면 눈금에 걸린 붉은 헝겊이 물에 잠기어 모심을 자리가 오리무중이 되기 때문이다.

못줄을 떼면 손에 쥔 한 모숨의 모를 손바람을 내어 심는다. 그러고 나서 모꾼들은 허리를 펴고서 반 발짝 뒤로 물러선다. 그러면서 뒤에 놓인 모춤을 슬쩍 확인한다. 뒷걸을 칠 때 밟히지 않도록 함과 동시에 볏모를 넉넉하게 확보하기 위해서이다.

앞서서 모춤을 별리하는 일도 중요하다. 던져 놓은 볏모가 너무 간격이 벌어지면 끌어오느라 시간이 걸리고 너무 바짝 놓이면 발에 걸리적거려서 능률이 오르지 않기 때문이다. 이런 일은 아이들이 동원된다.

이윽고 모를 심고 나면 남는 모는 논 귀퉁이에 갈무리해 둔다. 나중에 뜬 모용으로 쓰기 위해서다. 모를 심다보면 빠지거나 잘못 심어 뜬 모가 생기는데 그 보충작업을 모내기를 한 후 열흘나마 지나서 하게 된다. 건중건중 걸으며 뜬 모를 하는데 이때는 황새도 우렁이를 잡아먹기 위해 건중건중 걸어 다녀서 평화로운 광경이 연출된다.

나는 평소의 일꾼이 고봉밥을 먹는 걸 이해하지 못했다. 그런데 모내기에 동원되면서 노동은 밥 심으로 한다는 걸 깨달았다. 얼마 전에 새참을 먹고 났는데도 점심때가 되니 금방 배가 고파왔던 것이다. 세상에 못밥처럼 맛있는 음식이 있을까. 이때는 감자가 수확이 되는 시기여서 국 속에 서대나 갈치를 함께 넣고 끓이는

데 밥맛이 꿀맛이다.

벼농사는 심어놓은 것으로 끝나지 않는다. 항상 자박하게 물이 고이도록 해주어야 하고 김매기를 해야 한다. 어느 사이 동방사니와 고마니대, 마름과 개구리밥, 물옥잠화가 벼 뿌리를 감고 돌아 제거를 해주어야 한다. 이런 작업은 3-4차례 이루어진다.

노동 중에 김매기처럼 곤욕스러운 일도 없을 것이다. 손에 토시를 끼기는 하나 까칠한 벼줄기에 노출되다보면 팔은 어느새 상처투성이가 된다. 따가운 햇볕을 피하기 위해 등허리에 나뭇가지를 꽂아도 그리 도움이 되지 않는다. 거기다가 벼멸구, 흰잎마름병까지 겹치면 물에 석유를 풀어 중발로 끼얹는 이외 달리 방법이 없다. 그야말로 하늘의 운수에 맡길 도리밖에 없다.

벼농사는 흔히 여든 여덟 번의 손포가 가야만 수확이 된다는 말이 있다. 그만큼 일손이 많이 가는 것이 벼농사이다. 그런데 농가에서는 그렇게 힘들어 생산한 쌀을 마음껏 먹지도 못했다. 돈 마련을 위해서는 내다 팔수 밖에 없어서 농부들은 쌀밥 먹어보지도 못하고 보리 반식기가 아니면 잡곡이나 고구마로 배를 채웠다.

어려서 보면 농촌의 시계는 벼농사의 변화에 따라 진행되었다. 유월 유두에 보리농사지어 놓고 밀개떡을 해먹고, 칠월 백중에는 모처럼 김매기를 끝내고 허리를 폈다. 추석은 그야말로 한해의 첫 수확물을 맛보는 시기다. 그 이전에 농가에서는 올벼신미를 한다.

이때는 기승을 부리던 더위도 한결 사위어져서 무궁화 꽃이 함초롬히 피어난다. 이때가 되면 농가에서는 벼를 귀퉁이어서 두어 뭇 베어온다. 이것을 가마솥에 쪄서 말린 다음에 절구통에 찧어서 올벼쌀을 만든다. 이것으로 짓는 밥이 올개심니다.

나는 한때 농가에서 문지방에 달아놓은 씨앗다발을 무엇이라 이르는지를 알지 못했다. 다산선생이 강진 어느 고을을 들여서 문지방에 개꼬리 끝은 서숙이 걸렸더라는 것을 읽을 때도 명칭이 아리숭했다. 그런데 이것도 공히 '올개심니'라고 하는 것을 알아내고서 기뻐한 적이 있다. 그러니까 올개심니는 농부의 보람의 산물이면서 정신적인 삶의 원천이기도 한 것이다.

고향을 떠나와 60여년을 산 지금도 나는 가끔 고향의 논을 생각한다. 그냥 알 탕으로 빈 논이 아니라 그곳에서 자라던 벼를 많이 그려본다. 성장해가면서 보이던 변화는 얼마나 풍요롭고 신비했던가.

벼가 수잉기를 맞아 쑥쑥 자랄 때는 갈증이 난 마소가 물을 들이키듯이 물 탐을 하던 것이 생각난다. 그러다 마침내 배동을 하여 고개를 쑥 내밀 때는 어여쁘기 그지없다. 잔 꽃술을 무수히 달고 고개를 내미는 모습은 순박하기조차 하다.

벼 잎이 양분을 빼앗기고 누르스름해지면 메뚜기가 깃 든다. 한낮에는 콩 튀듯 분주하다가도 이튿날 아침에는 얌전해진다. 이때를 기다려 대두병을 들고 나가 메뚜기를 잡는 재미가 쏠쏠했다.

벼가 마련한 부산물은 그것뿐만이 아니다. 나락을 베어낸 자리에서 물꼬를 더듬으면 미꾸라지며 붕어가 잡히는데 그것은 가외의 소득이다.

벼는 버릴 것이 없다. 짚은 새끼나 소쿠리, 가마니를 짜는 재료로 쓰고, 찌푸리기는 메주를 띄우는 용도로 사용한다. 그리고 소의 먹이가 되기도 하고 지붕을 이은 재료가 되며 땔감과 함께 일부는 다시 땅으로 돌아가 거름이 된다. 그야말로 하나도 버릴 것이 없는 것이 볏짚이다.

돌이켜 보니 못자리를 마지막 본지도 언제인가 싶다. 수십 년이 더 된 것 같다. 돌아오는 봄에는 만사 젖혀놓고 모판을 한번 구경하고 싶다. 꼭 창가 구경을 하고 싶다. (2025)

호롱불

  예전의 등불은 등에 양초를 꽂아 밝히는 것은 고급이었고, 대부분은 호야나 사각 등에다 석유 등잔을 넣어 불을 밝혔다. 나는 그런 호롱불을 생각하면 아픈 곳이 도지듯 가슴이 먹먹해 온다. 바로 누나가 생각나기 때문인데 어느 날 무서운 밤길을 누나와 함께 걸었던 것이다.
  그 일을 어찌 잊을까. 안타까운 기억으로 가슴 깊이 자리 잡고 있다. 그 이야기를 하자면 먼저, 누나와 함께 어느 날 초저녁, 어머니 마중을 나갔던 사연부터 언급해야 한다. 당시에 아버지는 늘 아파 계셨다. 그러면서 심한 통증이 밀려오면 고통을 호소하였다. 상비약을 준비하지 못하고 있던 집에서는 비상이 걸린다. 그런 상황이 되면 어머니는 낮이나 밤을 가리지 않고 먼 길 마다 않고 약을 지으러 떠나셨다. 그 일은 항상 어머니 몫이었다.
  그날도 해거름 녘에 아버지의 신음소리가 높아지자 어머니는 산길을 걸어 읍내로 약을 지으러 떠나셨다. 그런데 돌아올 시간이 됐는데도 어머니가 돌아오질 않았다. 걱정이 된 누나와 나는 호롱불을 밝혀 들고서 무작정 길을 나섰다. 걱정이 되어 뒤 돌아 볼 틈이 없었다.

읍내를 가려면 산길을 걸어야 한다. 기차를 타면 산길을 걷지 않아도 되지만 기차는 낮에만 다니고 밤에는 다니지 않아 어머니는 산을 넘으셨던 것이다.

우리 마을은 뒷산이 험하고도 무서운 산이다. 도깨비불이 많이 켜지고 늑대도 출현하는 곳이다. 그렇지만 누나와 나는 그것을 의식할 틈도 없었다. 어서 어머니를 만나 모시고 와야 한다는 생각에 호롱불 하나를 들고 떨쳐나섰다.

그때 누나는 스무 살을 막 넘겼고 나는 무서울 것도 없는 열일곱 살이었다. 한데, 마중을 나갔다가 그만 들고 간 호롱불이 불어오는 골바람에 이내 꺼져버리고 말았다. 옛 시에도 '風窓燈易滅(풍찬등이멸)'이라고 바람 부는 창에 등불 꺼지기 쉽다는 말이 있지만 바람이 부니 호롱불이 맥없이 꺼져버린 것이었다.

그날 밤 우리 남매는 어머니를 만나지 못하고 돌아왔다. 대신에 넘어지고 구르면서 여기저기 상처를 입었다. 그러면서도 나와 누나는 붙잡은 손을 놓지 않았다.

한데, 그랬던 누나가 얼마 뒤에 세상을 뜨고 말았다. 병명은 알 수 없다. 하지만 그날 밤 놀라고 다친 것이 한 원인이 아닌가 생각한다. 그런 일을 겪었으니 어찌 잊을까.

그날의 마중은 변변한 채비도 하지 않고 달랑 호롱불 하나만 들고 나선 게 문제였다. 산길은 좁기도 하려니와 여기저기 바윗돌이 솟아서 걷기가 여간 어려운 것이 아니다. 불이 꺼져버리니 사방은 칠흑 어둠에 갇혀버리고 이내 장님신세가 되어 버렸다.

　발걸음을 내디딜 때마다 자꾸만 헛디뎌지면서 공포심이 엄습했다. 그런데 웬 부엉이는 서럽게 울어대는가. 그 울음소리에 오금이 저려서 자꾸만 움츠려드는데 뒤에서는 무엇이 금방이라도 나타나 목덜미를 잡아챌 것만 같았다.

　자연스레 머리끝이 솟고 등에서 진땀이 났다. 그런 중에도 머릿속은 어서 어머니를 만나야 한다는 생각만 가득했다.

　밤길 무서운 것은 걸어본 사람만이 안다. 눈앞이 아무것도 보이지 않으면 공포심은 몇 갑절 밀려온다. 공포심에 떨면서 여러 차례 허방에 빠지고 미끄러지기를 반복했다. 그러기는 누나도 마찬가지였다. 넘어지면서 손에든 호롱불이 내팽겨 쳐졌다.

　그렇지만 이제 와서 어떻게 할 것인가. 이미 상당한 거리를 걸어와 버렸고 되돌아설 수도 없는 일이었다. 그렇게 한 3키로 미터쯤 걸었을까. 느낌으로 보아 비탈길을 지나 풍치고개를 넘어서고 있는 느낌이 들었다.

"누나, 너무 무섭네"

"괜찮아. 마음을 단단히 먹어"

　그렇게 말은 했지만 누나의 손도 바들바들 떨고 있었다.

"더는 걸을 수가 없을 것 같아"

" 그럼 내손 놓지 말고 꼭 잡고 따라와"

　누나가 계속 용기를 돋아 주었다. 한데 그런 누나가 갑자기 쓰러져 버린 것이었다. 그날도 그랬지만 내게는 늘 용기를 불어넣어 주던 누나였다.

그날은 누나가 뒷방에서 큰누나와 다리미질을 하고 있었다고 한다. 마침 점심때가 가까워지니 어머니가 어서 밥을 지으라고 채근했단다. 그러니까 누나가,

"머리가 아픈데 엄니는 밥 독촉만 하네" 하더란다. 그렇다면 그때 이상증세가 나타나고 있었던 것일까. 그러고 나서 누나는 바로 쓰러지고 말았다. 그 정황은 나는 집에 도착할 때까지 알지를 못했다. 학교를 파하여 집에 들어서니 집안 분위기가 이상했다. 무언가 착 가라앉아서 심상치 않은 기운이 감돌았다.

"뒷방을 가봐라"

큰누나 말에 가방을 마루에 던져놓고 뒷방으로 건너갔다. 거기에 작은누나가 있었다. 방바닥에 반드시 누워 있었다. 낮에 그렇게 누워있을 누나가 아니다.

"누나"

외마디를 질렀다. 반응이 없었다. 가족들의 말에 의하면 급히 김칫국물을 먹였는데도 소용이 없었다고 했다. 눈을 감은 누나를 살펴보았다. 누나의 손등에는 며칠 전에 나와 함께 밤길을 걸으며 가시덤불에 긁힌 자국이 선명하게 드러나 있었다. 또한 옷에는 평상시대로 나비 브로치가 매달려있었다.

" 뭐하는 거야. 어서 일어나. 누나"

옷소매를 붙잡고 흔들면서 깨워보았지만 한번 눈을 감은 누나는 아무런 반응이 없었다. 얼굴은 백옥같이 새하얀 상태였다. 산발한 머리가 가슴을 찔렀다.

그렇게 누나는 떠나갔다. 작별 인사도 없이. 그런 누나인데 내가 어찌 잊을 것인가. 더구나 공포의 밤길을 함께 걸었던 누나인데. 나는 지금도 늘 생각한다. 그날 밤길을 걷지만 않았더라도 그런 일은 일어나지 않았을 것이 아닌가. 그것이 꼭 직접 사인은 아니라 하더라도 간접적인 원인은 된 것이 아닐까. 그런 죄책감에 나는 그날의 밤길을 잊을 수가 없다. 결코 잊어버릴 수가 없다.
(1990)

2002년 여수해양문학상 대상 수상

2006년 『매일신문』 신춘문예 수필 당선

『에세이스트』 등단, 캘리포니아 여성문학상 수상

『시를 사랑하는 사람들』 등단, 『창조문학신문』 신춘문예 당선

2015년 목포문학상 남도작가상 시 부문 당선

동부수필문학회 초대회장(2010~2022), 문협여수지부 부지부장 역임

저서

「갈매기 학습법」(시집)
「여수, 외발 갈매기」(수필집)

엄정숙

가방을 차렷 자세로 세우다
어긋난 당일치기
태풍의 계절
장날을 스케치하다

가방을 차렷 자세로 세우다

 바퀴 달린 가방이 애물단지가 되었다. 한때는 여행길에서 내 이름표를 달고 나와 한 몸으로 다니던 가방이다. 이민 가방의 자격으로 태평양 바다를 건널 때는 가방도 아메리칸드림에 상기된 표정이었다. 다시는 돌아오지 않을 요량으로 이것저것 쑤셔 넣고도 모자라 쓸데없는 서글픔까지 밀어 넣었다. 그 때문이었는지 몰라도 공항의 저울에서 웃돈을 냈다. 가방이 창피해하는 느낌을 받았다. 가방만 싸면 어디든 갈 수 있는 시절이 있었다. 기억의 회로를 더듬어보면, 슬픔보다는 기쁨이 더 많았다는 사실에 방점을 찍는다. 더 이상 갈 곳이 없는 내 나이 앞에도 표시를 한다.
 폐기물 스티커를 붙여 모서리가 긁힌 캐리어 가방 두 개를 버릴 때 마음이 싸했다. 다른 폐기물을 버릴 때 느끼던 개운한 기분이 아니었다. 낡은 가방과 바퀴에 묻은 시간이 보통의 일상하고는 달라서였을까. 타던 자동차를 폐차 시킬 때도 그랬다. 카센터에 버려두고 오면서 팔려 가는 소의 잔등을 만지듯 가만히 쓰다듬어 주었다. 속으로 고마웠다고 말했다. 오래 함께 지내다 보면 사물이 감정을 가진 사람처럼 보일 때가 있다. 그것은 몸 안의 종양이 다른 장기에 전이되듯이 내 생활패턴과 기분 따위가 스며든 것이리라. 아무 느낌이 없는 사람과 헤어지는 것보다 어려웠다.

 시인들은 시를 쓸 때 모든 사물을 사람으로 만들어서 생각하기를 좋아한다. 자아와 세계의 일체화를 노린 생각 법으로 어떤 문제의 답을 찾는다. 그걸로 의미 부여의 길이 열리는 까닭이다.
 내 기억 속에 생생한 국문 수필 중에 《규중칠우쟁론기》가 있다. 규중 여인이 바느질에 사용하는 도구인 자, 바늘, 가위, 실, 골무, 인두, 다리미를 의인화시켜 만든 가전체 풍자 글이다. 작자도 연대도 알려지지 않은 글이 몇십 년이 지난 지금까지 인공위성처럼 내 삶의 주변을 돌아다닌다.
 나도 한때는 시를 짓는 일에 골몰해 본 적이 있다. 시를 쓰면서 나 자신의 강박증이 가치 있는 길을 찾는 힘이 된다는 것을 알았다. 세상의 모든 것들과 지나가는 순간들을 향해 이름을 붙여 불러보았다. 사물이 내게 화답했고 나는 고된 일상에서 내면의 목소리에 귀를 기울이는 법을 배웠다. 그게 다였다.
 나탈리 골드버그*의 "뼛속까지 내려가서 써라"라는 주문을 체득하기도 전에 화물용 캐리어 가방과 함께 주거니 받거니, 다시 쓰는 습작 같은 삶에 몰두했다. 어떤 이유로든 나는 거의 해마다 가방을 싸며 무게를 가늠하고 바퀴를 점검했다. 미련을 버리지 못하고 옥타비오 파스**의 〈활과 리라〉 같은 어려운 책을 몇 줄씩 읽고

엄정숙

음미했다. 그럴 때 오래된 속담 하나가 내 옆구리를 쿡 찌르며 '글 못한 놈 붓 고른다.'라고 했다.

 버릴까 말까 망설이며 바라보는 가방과 나는 지금 불립문자로 내통하는 것이 있다. 몇 년 사이에 세상을 떠난 사람들과의 시간이 선명하게 남아 있다
 가방을 보면 불법 이민자들의 머리를 깎아 쫓아내는 트럼프 대통령이 보이고, 헌팅턴 도서관에 비치된 구텐베르크의 금속활자 성경책이 보이고, 인디오 가는 길이 펼쳐진다. 인디오는 세계적인 음악과 예술 축제가 열리는 캘리포니아 남부 사막지대에 있다. 시누이 부부는 남편과 나를 위해 거처를 따로 만들어 놓고 몇 달을 함께 지내는 것을 노후의 낙으로 삼았다. "다음에는 큰 가방 없이 편하게 몸만 와"하던 살가운 다짐도 코로나19의 범람 속에서 무위로 사라졌다. 코로나19가 막바지에 접어들었을 때 시누이 부부가 각각 다른 시설에서 유명을 달리했다는 소식을 들었다. 이제 내게 그 아름다운 사막은 달나라보다 먼 곳이 되어버렸다. 액자 속 그림 같은 한 컷의 실화를 빼면 그렇다.

 귀국하기 하루 전날 우리 네 명의 실버 가족은 가까운 맥도날드 식당에서 아침을 먹었다. "자네들이 와야 내가 요양원으로 안 가도 될 것 같아." 해가 바뀌면 바로 들어오라는 독촉을 했다. 사람은 나이가 들면 자신의 안전과 만족을 최우선으로 삼는다는데 시누이는 젊을 때도 그랬던 것 같다. 그게 매력으로 보일 때도 있

어서 아무렇지도 않게 함께 나이를 먹는 처지가 되었다.

창 쪽의 넓은 테이블에서 아이들이 웃고 장난을 해서 식당 안이 술렁거렸다. 외진 동네여서 식당은 한가하고 느긋했다. 뚱뚱한 백인 여자가 여러 명의 아이들을 인솔해서 여행을 가는 길인 듯 싶었다. 손에 묻은 케첩을 씻으려고 화장실로 가는 아이들은 모두가 의족을 하고 있었다. 예닐곱 명의 아이 중 네 명이 한국 아이들이었다. 반바지를 입고 있었다. 가슴이 쿵 하고 내려앉았다. 내가 뭘 잘못한 줄 알았다.

손을 씻고 나온 아이들과 출입문에서 마주쳤는데 우리가 나갈 때까지 문을 잡고 있었다. "고마워!"라고 일부러 한국말로 인사를 했다. 고개를 숙여 대응하는 아이들은 틀림없이 우리의 아이들이었다. 밝고 구김 없는 모습에 나는 타국에서 태극기를 본 듯 목이 메었다. '과연 미국은 큰 나라구나!' 그랜드캐니언에서도, 모하비 사막에서도 떠오르지 않은 문장이 내 안을 뜨겁게 했다.

한 번은 더 가보고 싶은 곳이다. 아직 설렘이 남아 있는 가방을 다시 차렷 자세로 세워 놓고 그날을 망연히 내다본다.

* 미국의 작가. 〈뼛속까지 내려가서 써라〉의 저자
**멕시코의 시인. 스페인어권 문학의 거성이자 멕시코의 국민 작가

어긋난 당일치기

내가 읽은 단편 소설 중에 현진건의 〈운수 좋은 날〉이 있다. 인력거꾼인 주인공이 모처럼 손님이 많아 운수 좋은 날이 되었는데, 집에 돌아오니 병자인 아내가 죽어 있었다. 운수 좋은 날이 운수 사나운 날이 된 반어적 표현이 지금까지 잊히지 않는다. 소설뿐만 아니라 우리의 삶도 이런 아이러니 속에서 넘어지고 일어나는 반복을 일삼는다. 〈호사다마〉나 〈새옹지마〉는 무슨 일이 있을 때 내가 꺼내 보는 교훈용 거울이다.

나는 가끔 당일치기로 서울에 다녀오는 일이 있다. 목적지가 강북이면 KTX를 이용하고, 강남에 볼일이 있으면 고속버스를 탄다. 하루 만에 볼일을 보고 일상으로 돌아오면 몸은 무겁지만 마음은 가볍다. 남편의 장례를 치르고 한 달하고 며칠 지나 미루던 서울행을 서둘렀다. 새벽 5시 버스를 타고 고속도로를 달리는데 도무지 아무 느낌이 없었다. 차창으로 스치는 계절의 자태를 가슴

두근거리며 바라보던 이전의 나는 어디로 갔을까. 옆줄 좌석에 중노인 부부가 아무 사이도 아닌 듯이 앉아 있었다. 오랜 세월 탈 없이 살아온 표시가 났다. 나는 낯선 장면을 본 듯 몇 번을 훔쳐보았다. 그런 내 모습을 차창 밖의 내가 빤히 보고 있었다. 어두운 터널을 통과할 때 나와 눈이 마주쳤다.

집으로 가는 길은, 기다리는 사람이 있을 때나 없을 때나 조급하고 조금은 설레기 마련이다. 터미널 주차장에 버스가 도착하자 어둠이 마중을 나오듯 자박거리며 나를 맞이했다. 일 년 이상 끌어온 임플란트 시술이 끝나다니!
  무엇보다 하루 만에 일정을 마치고 온 것이 뿌듯했다. 집에 가서 보고하고 자랑할 사람도 없는데 서둘러 버스에서 내렸다. 장시간 움직이지 않은 몸을 염두에 두지 않았다. 당연히 휘청거렸다. 개의치 않고 걸음을 재촉했다. 요즘 TV에서 '5초만', '5초만' 기다렸다 가라는 캠페인을 깜박했다. 사실 내 몸의 컨디션이 전보다 나빠진 사실을 잊고 있었다. 무의식 아니면 의식 사이였을까. 이마 저편, 혹은 머리 쪽에서 쿵 하는 소리가 났다. 문득 내가 땅바닥에 납작 엎어진 사실을 알았다. 티베트 불교 신자들의 삼보일배와 오체투지의 자세로 버스 터미널 마당과 한 몸이 되어 있었다. 직립보행을 멈추고 원시의 추억으로 돌아가라는 뜻일까.
  할머니, 괜찮으세요? 나를 일으켜 세우는 여자애 두 명의 목소리가 다급하게 들렸다. 사람 소리가 또렷이 들리는 걸 보니 정신을 잃지는 않은 게 분명했다. '할머니'라니! '할머니'라는 호칭이

엄정숙

귀에 거슬렸다. 그보다 맞는 호칭이 없는데도 씁쓸했다.

나는 아무도 눈치 못 채게 이빨을 마주쳐 보았다. 아직도 치과 치료의 여진이 남아 있는 까닭이다. 안경도 깨지지 않고 저만치 떨어져 있었다. 피가 배어 나오는 이마를 누르며 일어나 앉았다. 여학생들은 "119! 119!"라고 외쳐대며 발을 동동 굴렀다. 정신도 멀쩡하고 피도 많이 흐르지 않아서, "좀 쉬었다 가면 되겠어요. 어두우니까 빨리 가야지요?" 나는 그 말밖에 할 말이 없었다. "그래도요. 그래도요. 119가 올 때까지 우리가 있어야 해요." 우리말이 유창했지만 중국에서 유학하러 온 학생들이었다. 커다란 여행 가방을 끌고 내 옆에서 안절부절못하는 바람에 내 상처가 어느 정도인지 살필 겨를이 없었다. 119 응급차가 와서 몇 마디 나누고 있는 중에도 가지 않고 서성거렸다. "내 차가 있으니까 일단 집으로 갈게요." 있는 힘을 다해 또릿또릿 말을 했다. 119 젊은 대원 둘이 걸어보라고 해서 안간힘을 써서 걸음을 옮겼다. 피가 더 나거나 어지러우면 바로 전화를 하라고 했다. 중국 여학생들은 또 나를 걱정하는 말을 했다. "그래도요, 병원으로 가셔야 하는데요." 사고 현장의 두려움이 가시지 않은 목소리였다. 여학생들의 느낌이 맞았다. 일단 집으로 갔지만 상태가 더 나빠지고 있었다. 피가 줄줄 흐르는 이마와 탁구공만 한 혹을 차에 태우고 자정이 넘어도 한참 넘은 시간에 응급실로 갔다. 상처를 몇 바늘 꿰매고 나니까 몇 시간 동안이 몇 겁이 흐른 듯 아득하고 끔찍했다.

다음 날 아침 거울 속의 내 얼굴은 현란한 멍으로 얼룩져 있었다. 쓰나미가 다녀간 듯 붕괴된 얼굴이 흡사 좀비나 프랑켄슈타인을 연상케 했다. 나의 지병인 재생불량성 빈혈이 한몫을 안 모양이다. 나는 난생처음 내가 얼마나 보기 좋은 얼굴 모습으로 살아왔는지 깨닫게 되었다. 내가 나를 데리고 안 가본 데가 없는 걸 봐도 그렇지 않은가. 주눅 들기 전에 시들어진 자신감을 부추겨 진료실로 갔다.

"아이쿠, 재수가 없었네요." 내 얼굴을 보자마자 내뱉은 의사의 말이었다. '아이쿠'라는 감탄사만 없었으면 내 자존심이 바닥을 칠 뻔했다. 하마터면 큰일 날 뻔했다는 말도 했다. '뻔'이라는 말이 이처럼 유용하게 쓰일 줄은 몰랐다. 어떤 일이 자칫 일어나는 것보다 그렇게 되지 않아 다행이라는 뜻이니 운이 좋다는 말로 들렸다. 뇌진탕은 아니지만, 다음 달 초쯤 머리가 아프거나 메슥거리면 꼭 병원에 오라고 했다. 예기치 않은 상황에 벌써 머리가 아프고, 입원실로 돌아가는 걸음이 차꼬를 찬 듯 무겁기만 했다

"그래도요, 그만하길 정말 다행이네요." 어디선가 중국 여학생들의 목소리가 들리는 듯했다. 웃어도 우는 것 같은 얼굴 탓에, 단순하지 않은 모나리자의 미소를 슬며시 지어 보았다.

태풍의 계절

 바닷가 사람들은 태풍의 기척에 민감하다. 바다 저편에서 건너오는 바람의 냄새만 맡고도 태풍이 올 것을 알아차린다. 해녀들은 전복이 바위틈에서 해초를 듬뿍 껴안고 있으면 태풍이 올 조짐이라고 한다. 전복이 태풍을 예감하고 해초로 몸을 보호한다는 것이다.
 한 척의 폐선처럼 우두커니 바다만 보고 사는 나는 새해가 되면, 달력을 바꿔 달면서 물때를 짚어 보고 8월과 10월 사이는 '태풍의 계절'이라고 적어 놓는다. 횡액을 물리치는 부적처럼 빨간 글씨로 표시를 해 둔다.
 태풍에 대한 두려운 기억을 가진 사람들한테는 좀 미안한 일이지만 나는 태풍의 계절을 좋아한다. 올해는 몇 개의 태풍이 오게 될지 기상청의 예측도 귀 기울여 듣는다.
 지루하고 습한 여름 한복판이나 가을의 입구에서 한바탕 불호령을 치고 달아나는 태풍을 나는 은근히 기다린다. 피해도 크지만, 지구를 이롭게도 한다는 태풍, 내 삶의 곳곳에도 태풍의 흔적이 남아 있다. 그 상처가 나를 아프게도 했지만 나를 여물게도 한 것 같다.

태풍이 접근해 온다는 기상청의 예보가 나타나면 나는 반드시 그 일을 떠올리게 된다. 태풍 매미였는지 모른다. 그날은 아파트 관리 사무실에서 알리는 통보가 잦았다.

"주민 여러분께서는 유리 창문을 꼭 닫고 스카치테이프를 창문에 붙여 태풍 피해가 없기를 바랍니다." 말소리가 바람 소리에 묻혀 잘 들리지 않을 때까지 외쳐댔다. 비상사태는 사람에게 친화력을 갖게 하는 묘한 구석이 있어 가족 간에 일어나는 어떤 불협화음도 사라져 버린다. 남편과 딸아이는 화분을 들이고 테이프로 베란다의 대형 유리창을 도배하며 비설거지 하듯 분주하게 움직였다. 강아지는 야성을 되찾기는커녕 대거리 한 번 못 해보고 꼬리를 내린 채 비실거렸다. 방송국에서는 태풍에 대한 속보만 연이어 보도했다. 중심 기압이 얼마며 현재의 풍속과 앞으로의 진로 등을 설명할 때마다 우리는 두려움 반, 흥분 반으로 바다의 기색을 살폈다. 바람과 빗줄기가 거세지면서 창문이 흔들리고, 풍선처럼 팽팽해져 우리를 공포에 떨게 했다. 아파트 여기저기에서 와장창 유리창 깨지는 소리가 들렸다. 가까운 섬들이 방파제 역할도 못 하고 흩어져 떠도는 것이 난파선 조각처럼 가물거렸다. 태풍이 한 반도의 남해안을 강타한다는 예보가 적중하는 순간이었다. 우리는 밖으로 나가야 할지 그대로 있어야 할지 갈피를 잡을 수가 없었다. 현관문은 바람의 무게 때문에 열 수가 없고 집안은 어느 구석도 안전한 곳이 없었다. 상식이나 지혜가 아무짝에도 필요 없는 순간에 할 수 있는 것은 한 마당 굿판이 끝나길 기다리는 것뿐이었다.

어디선가 굉음이 들리고 그 소리가 피아노가 있는 딸아이의 방에서 난 소리임을 안 것은 한참 후의 일이었다. 방문을 열어보려고 문고리를 비틀어도 열리지 않았다. 시가지를 향해 만들어진 베란다의 대형 유리창이 깨어져 방과 베란다 사이의 유리문까지 부서진 것을, 자물쇠 제조공이 와서 방문을 열어본 후에야 알았다. 방 한 칸이 물바다가 되고 유리 파편과 부러진 창틀로 목불인견의 참상이었다. 꽃무늬 커튼이 패전에 찢긴 깃발처럼 나뒹굴고 있었다. 태풍이 사귀(邪鬼)를 물리치려고 처용의 탈을 쓰고 신명나게 놀다 간 모양이라고, 나는 이왕 벌어진 일에 자포자기 삼아 사족을 붙였다.

태풍이 잦아들어 한숨 돌리는데 강아지가 보이지 않았다. 딸아이가 사색이 되어 이름을 부르자 안방 침대의 이불 속에서 고개를 갸웃 내밀고 있었다. 한숨 잘 잤다는 듯이 침대를 박차고 내려오는 모습이 얄밉기 그지없었다. 내가 강아지를 애지중지 못 하는 까닭이 그런 영악함 때문이 아닌지 모르겠다.

해마다 태풍 예보가 시작되면 우리 동네 앞바다는 멀고 가까운 바다에서 달려오는 배들로 부산하다. 일렬로 늘어선 고깃배들이 만선의 꿈을 접고 후줄근한 모습으로 밧줄에 묶여 있다.

해안선이 완만하게 육지 쪽으로 휘어들어 정박하기에 좋은 어촌에서 나는 또 한 개의 태풍을 맞았다. 유리창에 테이프를 촘촘히 붙이는 일은 이미 이력이 생겼다. 편한 옷차림으로 저녁을 일찍 먹고 TV 속보보다 바람의 속도와 강도에 신경을 곤두세웠다. 태풍이 북태평양 고기압 가장자리를 따라 이동하는 만큼 한반도에 영향을 줄 가능성이 크다고 하는 보도가 있었기 때문에 우리는 어떤 재미있는 일도 삼가고 있었다.

태풍이 부는 날만큼은 형제간 싸움도, 부부 싸움도 없다. 시어머니 살아 계실 때도 태풍 부는 날에는 갈등도, 서먹한 기운도 없었다. 온 식구가 하나가 되고 평등해지는 집안 분위기가 아늑하기만 했다. 그 순간을 비웃기라도 하듯 빗나가는 태풍처럼 싱거운 것도 없다. 무사했구나 하는 안도의 표정 뒤에 숨은 재미없는 기분은 내색할 수가 없다. 이만하길 다행이라고, 만나는 사람들은 서로 인사를 나누지만, 말투나 몸짓에서는 분명 아쉬움 같은 게 느껴졌다.

아파트 경비원은 씩씩거리며 흩어진 나뭇잎과 잔가지를 쓸어 담으며 뭐라고 투덜거리는 것이 내게는 꼭 비켜 간 태풍을 욕하는 것처럼 보였다. 그런 경비원 아저씨 머리 위로 하늘은 높고 푸르렀다. 나무들은 반짝이는 잎사귀를 펴 널고 새들은 그 위를 선회하며 고운 목소리로 노래했다. 배들이 빠져나간 해안에는 처분만 기다리는 폐선 두어 척과 갈매기들로 제 모습을 찾았지만, 먼바다에서 밀려온 플랑크톤 나부랭이들이 지난밤의 소용돌이를 말해 주고 있었다.

엄정숙

올해도 한두 개의 태풍이 올 것이다. 농사에는 해롭기 그지없는 태풍, 유리창을 박살 내는 태풍은 분명 두려운 계절의 현상이다. 하지만 바다도 가끔 깊은 곳까지 숨을 쉬어야 물속 환경이 정화된다는 말을 나는 뱃사람에게서 들은 적이 있다. 바다가 멍하니 하늘만 보고 있는 것보다 큰바람이 한바탕 뒤엎어 주면 생기가 돈다는 말인지, 자연은 우리가 함부로 설명하기에는 너무 스케일이 큰 것 같다.

혹여 그날처럼 드센 태풍을 만나면 나는 조신한 신부처럼 기다릴 것이다. 통과 의례를 치르는 의식이 끝날 때까지, 세마치장단에서 시작된 가락이 자진모리를 넘어 휘몰이로 솟구쳐 오르는 우주의 장단에 귀를 기울일 것이다. 나는 내 삶 속을 지나갔던 태풍도 그런 식으로 맞고 보내지 않았나 하는 생각을 해 본다.

장날을 스케치하다

올해는 봄도 참 힘겹게 온다. 며칠째 계속되는 미세먼지 때문에 바다 풍경도 말이 아니다. 가까운 섬들은 흐릿하게 보이고 먼 섬들은 아예 자취가 없다. 목련나무가 봉오리를 열까 말까 망설이는 것도 미세먼지 수치에 민감한 반응을 보이는 것 같아 안쓰럽다. 산과 들이 있는 곳을 찾아가는 달뜬 나들이도 쾌청한 날로 미루다 우수와 경칩을 한참이나 지나고 말았다. TV에서는 먼지 틈새를 뚫고 새로 피는 꽃을 보러 가는 사람들을 앞세워 애써 봄소식을 전한다. 봄이 왔으니 나라고 방 안에서 몸을 사리고 있을 수만은 없지 않은가. 달력을 보니 마침 오늘이 장날이다. 오지 않는 봄을 사러 가기에 장날만 한 날이 있을까. 장날은 산천을 품고 있던 것들이 한자리에 모이는 날이다.

나는 길일을 만난 듯 설레는 마음으로 장터를 돌아본다. 비좁은 철제 케이지에 토끼와 강아지와 오리들이 담겨 있다. 사람을 보고도 기척을 안 하는 것이 필시 앞일을 훤히 알고 있음이 분명하다. 주인은 양지바른 곳에서 땅콩 장수와 실없는 농담을 붙잡고 있다. 남도의 장날을 따라다니는 장돌뱅이티가 역력하다. 사람들의 발길을 한 번쯤 멈추게 하는 곳은 각종 꽃과 모종이 늘어선 난전 앞이다. 꽃은 사지 않고 꽃 이름만 본다. 외래종이 태반이다. 색깔이 곱고 예쁘지만, 왠지 쓸쓸해 보인다. 냉동 창고에서 열심히 일하며 고향으로 돈을 보내는 네팔 청년의 모습이 떠오른다. 흰 이를 드러내어 웃기를 잘하는 그 청년을 나는 가끔 우체국에서 본다. 대각암 댓돌 사이에 초롱초롱 피어 있던 금낭화나 애기똥풀 같은 우리 꽃은 외딴곳에서 만나도 전혀 외로워 보이지 않았다. 제 땅만큼 편안한 곳은 없나 보다.

나는 꼭 사야 할 목록도 없는 장을 한 바퀴 더 돌고 난 뒤에야 부랴부랴 몇 가지 봄나물을 챙긴다. 백야도 앞바다에서 캐 왔다는 바지락 앞에서 우뚝, 키 큰 남자와 마주친다. 불시에 만나는 내 친구 남편이 한없이 반갑다. 식당이나 관공서에서 만난 것보다 더 반갑다. 친구의 안부를 물었지만, 대답이 없다. 그의 귀가 전보다 나빠진 것을 뒤늦게 깨닫는다. 세상의 소음과 결별해 가는 그가 소년처럼 내게 손을 흔들며 멀어진다.

요즘 장날에는 신명을 돋우는 풍경이 없다. 뻥튀기 기계 앞에서 쌀자루를 들고 기다리는 사람도 없고 뜨거운 김이 나는 국밥집도 없다. 멀리서도 고소한 냄새가 나는 붕어빵 장수도 없는 걸 보면 장에까지 허기를 달고 나오는 사람은 없는 것 같다. 그래도, 멀리 가지 않고도 계절 풍경을 읽을 수 있는 곳은 장터뿐이다.

쑥과 머위와 쪽파를 파는 사람 중에 할머니들도 끼어 있다. 시골 할머니들이 돈맛을 알았는지 젊은 사람보다 영악해졌다. 필요한 양만 사려는데 지금 나오는 것은 보약이라고, 동료 할머니가 추임새까지 넣는다. 손자들한테 보내고 남아 할 수 없이 가져왔다는 더덕을 덥석 사 들고 와서야 중국산임을 알아차리고 씁쓸해하던 일이 생각난다. 하찮은 기억이 의외로 오래간다. 나이 들수록 구질구질한 생활의 단면들을 걸러내는 기관도 약해지나 보다.

  검은 봉지의 개수가 늘어나면 자동차에 실어 놓고, 다시 처음처럼 장터를 훑고 다니는 재미가 쏠쏠하다. 남편의 식성을 생각하고 동생네 식구들의 입맛도 챙겨 가며 돌아다니다 보면, 나는 낯선 사물처럼 멀어져 간다. 내가 소외되고 나로부터 분리되었는데도 하나도 불안하지 않다. 내가 없는 것이 오히려 살아가는 데 편한 순간이 많다. 그래도 그렇지 내가 누구인가. 사람의 일은 물론 우주적 공사에까지 관여해 보는 시인이 아닌가. 꽃들의 말을 글로 풀어 써서 보통 사람들을 갸우뚱하게 하는 재주를 타고나지 않았는가. 그럴듯하게 보이고 싶어서 무슨 문학상도 타 보고, 언감생심 꿈도 못 꾸던 시집도 한 권 내 보았다. 그러지 않았다면 누가 나를 그 고상한 무리에 끼워 주고 내 이름 석 자를 불러주겠는가. 그렇다면 틈나는 대로 몇 줄 작문이라도 해 봐야 마땅하지 않을까. 수없이 자문하고 반성도 해보지만 나는 장날이면 어김없이 장으로 간다. 닭똥이 묻은 달걀을 사고 함부로 자란 푸성귀를 사 와서 부엌을 어지럽힌다. 글은 미세먼지 속 세상처럼 흐릿하고, 실물인 음식 재료는 선명하고 쉽다. 그리고 식구들은 내 글보다 내가 차린 밥상을 더 귀하게 여긴다. 그릇에 담긴 동물과 식물들에게 경의와

찬사를 보낸다. 나는 더 분발하고 싶어 오늘 대용량 에어프라이어라는 요리 기구까지 샀다. 내가 조선시대에 태어났다면 수라간의 나인이거나, 좀 더 출세했다면 기미상궁쯤 되지 않았을까.

장날은 사방의 에너지가 분주하게 거래되는 곳이다. 농촌과 도시의 경제가 기수역처럼 어우러진다. 새로운 고달픔으로 지나간 고달픔을 위로한다. 푼푼한 인심에 덤으로 얻은 봄 냄새가 장날의 정취를 스케치하기에 족하고 빼근하다. 장날의 장터는 한달음에 스쳐 가는 문장이 아니다. 갖가지 재료를 손질하고 씻어서 한 끼의 밥상까지 도달해야 하는 여정이 기다린다. 맛깔 나는 글 한 편도 이런 식으로 지어진다면, 놓았던 펜을 다시 잡을 수도 있겠다 싶은 당찬 각오를 해본다.

곽경자

그땐 그랬지
금오도 일지 9
추석 장을 보면서
금오도 일지 17

제2회 체신부 '전국어머니 편지쓰기' 장려상
대한생명 '가족사랑 편지쓰기' 은상
제9회 동서커피문학상 맥심상
전남 백일장 시부 차상
《에세이스트》 신인상(수필 등단)
전남대학교 평생교육원 문예창작과정 8학기 수료
《문학저널》 신인상(시) 2018년
금오도에서 펜션 '별밤지기' 운영 중

저서

「금오도 편지」(시집)

그땐 그랬지
_내 나이 세 살적에

　내 나이 세 살 적이라고 하니 어느 먼 옛날얘기처럼 느껴진다. 그렇다. 아주 먼 옛날이다. 나도 세 살 적이 있었으니까 말이다.
　그때도 아마 우리 손녀가 세 살 적일 것이다. 손녀딸을 돌봐 주면서 내 어릴 적 기억이 토막토막 생각나서 이 녀석도 먼 훗날, 이 할미와의 일들을 기억할까 하는 생각이 들었다. 한시도 가만히 있지 않고 밖으로 나가려는 이 녀석을 따라다니다 보면 녹초가 되는데도 이 녀석은 지치지도 않았다. 경찰 아저씨 보러 가자, 토끼 보러 가자, 학교에 가자며 서투른 발음으로 온갖 의사 표현을 했다. 날마다 아이스크림은 세 개씩을 먹어 치우면서도 심심하면 "하미 아스그" 했다. 제 어미는 아이스크림 먹이는 것을 질색하지만 이 녀석이 고집을 부리면 아무도 당할 사람이 없다. 그래서 때론 아이스크림을 제 어미 몰래 먹이기도 했다. 눈에 넣어도 아프지 않다는 표현이 맞는 말 같다는 것을 자주 느꼈다. 깨물어 주고 싶을 정도로 귀여운 녀석을 아무리 몸이 힘들어도 힘든 줄 모

곽경자

르고 그해 여름은 이 녀석 뒤만 졸졸 따라다녔다. 하지만, 이 녀석은 끄떡도 없다. 하루 두 번 낮잠은 꼭 이 할미 등에 업혀야 잤다. 등에 업히면 "낮에 놀다 두고 온 나뭇잎 배는" 하는 동요의 노랫말이 좋아 자장가 삼아 들려줬더니 잠만 자려면 "하미 나제노" 했다. 아직 두 돌도 안 된 녀석이 하는 짓이 너무나 영특했다. 이래서 세상 부모들이 자기 자식이 천재가 아닌가 하는 착각 속에서 사는 것은 아닌지 하는 생각을 해 봤다.

손녀 녀석을 등에 업고 자장가를 불러주다 보니 내 세 살 적 기억이 떠올랐다. 내가 그 일을 우리 엄마에게 물어보면, 엄마는 네가 그 일을 어떻게 기억하냐며 그때 너는 겨우 세 살이었다고 말했다.

그때 우리 엄마와 아버지는 외가가 있는 승주로 장사를 하러 다녔다. 봄만 되면 흉년이 든 섬에서는 유일한 방법의 하나였을 것이다. 섬에서 나는 해산물을 육지에서 곡식과 바꾸어 오는 장사였다. 그때도 아마 내가 엄마와 떨어지지 않으려고 해서 장삿길에 데리고 간 모양이다.

엄마와 아버지가 장사를 끝내고 돌아오는 길이었다. 신작로를 한참을 걸어오다가 걷기가 너무 힘이 들었는지 엄마는 나를 업은 띠를 풀고 둘이서 그 끈을 한 쪽씩 잡고 저만치서 오는 군용트럭을 세웠다. 우리 앞에 군용트럭이 멈추자 우리를 좀 태워 달라고 했던 모양이다. 엄마는 나를 안고 트럭에 오르려고 했다. 나는 군인들이 너무 무서워서 트럭을 타지 않으려고 울고 발버둥을 쳤다. 엄마는 우는 나를 안고 내 귀에다 대고 "아가 울지 말고 눈을 꼭 감아 봐라" 했다. 그래서 나는 울음을 그치고 눈을 꼭 감았다, 정말 군인들이 하나도 보이지 않았다. 나는 그 트럭에서 눈을 꼭 감고 있다가 아마 엄마 품에서 잠들지 않았을까 싶다.

지금 생각해도 생생했던 기억이다. 그 군인들이 무서웠던 게 또렷이 생각난다. 서너 살 때의 기억이 대부분 없다고들 한다. 내 기억을 얘기하면 엄마는 늘 서너 살 때였다고 했다. 엄마가 귀에 대고 했던 말까지 기억이 난다. 엄마는 그 후에도 나를 데리고 여수에 나와서 시장 구경을 했다. 그곳의 화려한 물건들을 보면 혹시라도 내가 갖고 싶어 할까 봐 "아가 눈 꼭 감고 가자"라고 했다. 그러면 나는 정말인 줄 알고 엄마 손을 잡고 눈을 꼭 감고 걸어간 적도 있었다.

그래서 나는 손녀를 업고, 이 녀석도 나처럼 지금을 기억할까 하는 생각을 해보며 자장가를 불러주었다. 그렇게 노랫말이 고운 동요를 자장가로 불러주면서, 고운 노랫말처럼 이 녀석도 심성 고운 아이로 자라서 먼 훗날 할머니의 등에 업혀 이 노래를 자장가로 들었던 때를 기억했으면 좋겠다는 마음이 들었다. 사람에게 제일 중요한 것이 인성교육이라고들 한 것처럼 이 아이가 바른 인성으로 자라서 어느 위치에서 일하든 올곧은 사람으로 많은 사람으로부터 인정받으면서 살아가길 바라는 마음뿐이었다.

내가 세 살 때 군용차를 타지 않으려고 떼를 부릴 때 다른 엄마들 같으면 볼기짝을 때려서 차에 태웠을 것이지만, 나는 우리 엄마한테 한 번도 매를 맞아본 기억이 없다. 사랑을 받고 자란 사람이 사랑할 줄도 안다고 했듯이 우리 손녀도 많은 사랑을 받으면

곽경자

서 자랐으니 올곧은 사람으로 커 줄 것이다. 이다음 할머니가 불러주던 자장가도 기억하면서 정 많은 사람으로 어디서든 사랑받으면서 살아갈 것이라 믿는다.

금오도 일지 9
_누가 저 산국을 다 베었을까

이 섬에서 내가 유일하게 즐기는 시간이 산책할 때다. 여름이면 풀벌레도 아직 깨지 않은 새벽길을 나서서 몬당에 오르면 새벽 해무가 바다를 덮고 있어 산인지 바다인지 구별이 되지 않은 날이 많다. 겨울이면 햇살 좋은 낮에 산책한다. 작은 오름을 돌아 내려온 산책길은 나를 돌아보면서 자연과 함께할 수 있는 유일한 시간이다. 산새와 까치와 까마귀와 비 오기 전날에는 지렁이까지도 친구처럼 만나는 길이다.

금오도 서울이라는 이곳에는 초중고등학교와 면사무소 보건소 농협 우체국, 관공서가 다 모여있어 재 너머에 동네 아낙들은 멋 부리고 나들이하는 곳이다. 하지만 우리는 일복 입고 장화 신고 아무렇지도 않게 우체국이나 농협을 들락거린다. 그 직원들도 우리의 이웃이다. 농협 '하나로 마트'에는 여수 대형마트에도 없는 식자재와 먹을거리가 많다며 딸아이는 아이들이 좋아하는 제품을 사기도 한다. 옛날에는 엄두도 내지 못한 일이다. 또 아이들이 제일 좋아하는 편의점도 있어서 관광객의 편리함과 특히 중고등학생들에게는 별천지 같은 만남의 장소이기도 하다.

이렇게 모든 것이 편리한 곳이지만 나에게 제일 좋은 곳은 작은 오름이 있는 나만의 산책길이다. 비가 오려고 하는 날은 미물인 지렁이도 어찌 그리 잘 아는지 세상 구경을 나온다. 비 갠 다음 날은 시멘트 바닥에서 까맣게 생을 마감하고 만다. 세상은 그렇게 녹녹한 곳이 아니라는 것을 금방 알게 된다. 그렇게 목숨을 걸고 세상 밖으로 나오려는 무모한 짓을 왜 했는지 싶다가도, 우리도 살면서 그러지 말란 법은 없지 않을까 하는 생각을 해본다. 또 후루룩거리며 떼로 날아가는 참새와 뱁새들이 이 숲에서 저 숲으로 숨바꼭질하는 것도 나에게 하는 아침 인사법이다.

아침마다 만나는 까치와 까마귀 떼를 보면 까치가 까마귀보다 한 수 위라는 것을 말해 준다. 까치 떼가 있는 곳에는 까마귀가 몇 번씩 맴돌다가 그냥 날아가는 것을 볼 수 있다. 어느 날은 까치와 만나고 어느 날은 까마귀와 만나지만 그들이 사이좋은 모습으로 함께 있는 것은 한 번도 보지 못했다. 그렇게 그들과 시끄러운 인사를 나누고 나서야 심포로 가는 옛길로 오른다. 그곳에 오르면 멀리 바다가 펼쳐진다. 그곳에서 내려다보면 날마다 다른 색깔의 바다와 다른 모양의 하늘이 맞닿아 있는 걸 알 수 있다.

날마다 다른 일상처럼 수시로 변한 바다를 옆에 끼고 다시 길을 걷는다. 그 길가에 올봄에는 산국과 쑥부쟁이 새싹이 길가를 메울 정도로 많이 올라왔다. 작년까지만 해도 산국 몇 포기와 쑥부쟁이꽃 한 포기로 그해 가을을 즐길 수 있었다. 올해는 작년과 달리 쑥부쟁이와 산국 새싹이 수북하게 오르는 중이었다. 나는 봄부터 여름 지나 가을이 올 때까지 눈으로만 그들을 키워냈다. 올여름 같은 긴 가뭄에 물 한 번 주지 않아도 키를 세우며 여름을 버티어 냈고, 쑥부쟁이의 보라색 꽃은 커다란 꽃다발을 만들어 주었다. 나의 산책길은 그들과의 인사로 날마다 맑음이다. 오늘도 보라색이 고운 쑥부쟁이를 보며 이렇게 예쁜 꽃을 피워줘서 고맙다고 인사를 하면 쑥부쟁이는 고개를 흔들어 주며 금방 답을 해준다. 이제 막 꽃망울을 머금고 있는 산국 앞에 쪼그리고 앉아 너는 언제쯤 꽃을 피울 것이냐고 물어보면 조금만 기다리란다.

내가 가는 들길과 산기슭에 산국이 지천인 이 섬이다. 산국이 피면 고등어와 매가리가 많이 잡힌다고 한다. 이 고기들이 산국의 향기에 취해 올라오는 것이 아니냐고 물을 정도다. 아직도 피지 않은 꽃망울에 코끝을 대면 물고기도 정말 그 향기 따라 올라오겠다는 생각이 든다. 누구라도 들길을 걷다가 산국을 만나거든 꼭 그 향기 한번 맡아 보라고 말해 주고 싶다.

그렇게 봄부터 가을까지 눈으로 길러낸 산국이 가을 하늘과 가을바람에 자태를 뽐내며 꽃을 피울 준비를 다 했다. 이제는 가을 햇살에 맡기어 꽃 피울 날을 나는 기다렸다. 그런데 그날 아침에 그 길을 들어서는데 뭔가 허전하고 휑한 느낌이 들었다. 아뿔싸 이를 어쩌면 좋을꼬. 내 눈을 의심했다. 눈으로 길러놓은 보라색 쑥부쟁이 꽃다발과 꽃망울을 머금은 산국이 파란 가을 하늘 아래 누워 있는 게 아닌가. '감성이라고는 손톱만큼도 없는 사람 같으니라고' 저 산국이 노랗게 입을 열어 분명 애원했을 것이다. 보라색 쑥부쟁이는 얼마나 꽃잎을 떨고 있었을까. 나는 올가을은 다 망쳤다고 생각하며 그 길을 걸을 때도 그쪽으로 눈길 한번 주지 않았다. 그런데 이게 웬일인가. 예초기의 칼날에서 살아남은 산국과 쑥부쟁이가 군데군데 애처롭게 꽃을 피우는 중이었다. 잘린 산국과 쑥부쟁이 밑동에서 살아남은 가지에서 작은 꽃망울을 맺고 있었다. 이 가을은 망친 것이 아니었다. 파란 가을 하늘과 햇살이 더 곱고 따스하기만 했다. 그런데 저 산국은 누가 다 베었을까.(2024. 11. 20)

*심포 - 금오도 마을지명

추석 장을 보면서

 올해도 추석 장을 보기 위해 어시장으로 향했다. 나는 평상시에도 무료하거나 시간이 늘어진다는 생각이 들 때면 어시장으로 간다. 해양 공원을 산책하고 어시장에 들어서면 사람들이 왁자하게 바쁘기만 하다. 느리게 걷는 사람이 한 사람도 없이 종종걸음을 한다. 이리 비키고 저리 비키며 상인들이 밀고 다니는 손수레를 피하느라 느리게 걸을 수가 없다. 여자 상인들도 무거운 고기 상자를 번쩍번쩍 들어 올리는 것을 보면 봄 여름 가을 겨울 어느 계절에 와도 어시장은 체험 삶의 현장 같다.

 이른 아침 그들과 만나는 시간은 삶의 활력이 생긴다. 그런 시장 사람들의 모습을 보면 나는 게으르게 살고 있지는 않은지 생각해 본다. 시장에 제일 많이 나오는 생선이 갈치다. 이제 막 바다에서 건져 올린 듯 반질반질 윤기가 나는 갈치를 보면서 내 머릿속에서는 벌써 호박을 넣어 끓인 갈칫국과 갈치조림 그렇지 않으면 갈치구이를 할까 고민 중이다. 추석에 먹는 음식은 아니지만

곽경자

아이들이 내려오면 좋아하는 것을 해주고 싶은 마음에서다.

추석 장을 보면서 우리가 좋아하는 것보다 아이들이 좋아하는 음식으로 마음을 정한다. 서울 토박이인 큰 며느리는 처음엔 생선을 별로 좋아하지 않았다. 지금은 호박 갈칫국도 우리보다 국물을 더 많이 잡는다. 그만큼 지금은 생선을 다 좋아한다.

고기 좋아하는 둘째 며느리는 대여섯 살부터 우리 며느리로 키운 아이다. 우리 집에 올 때면 "시엄마 안녕하세요?" 하며 오던 아이다. 그래서 며느리 같지 않은 며느리이다. 손주들 또 아무거나 다 잘 먹지만 그들도 고기 쪽이다. 사위 역시 생선을 더 좋아한다. 그러고 보니 정작 우리 아들과 딸은 무엇을 좋아하는지 모를 정도다.

우리 아들딸은 그저 지네 식구 잘 먹을 때 헤벌쭉 웃는 것을 보면 그것으로 충분하다. 그냥 옹기종기 모여서 맛있게 먹어줄 것을 생각하면 나도 다른 주부의 발걸음처럼 바빠진다. 아들과 며느리가 좋아하는 음식 그리고 딸과 사위, 또 우리 집 보물단지들인 손자 손녀들 각각 다른 음식을 좋아해도 여러 가지를 하면 된다. 그렇게 각각이 좋아하는 음식 먹으면서 웃고 떠들고 그렇게 보내는 것이 명절이다.

우리는 맛있는 음식을 할 수 있는 장을 보면 그만이다. 며느리들이 이젠 주부 경력이 십여 년이 넘다 보니 무슨 음식이든 척척이다. 그래도 우리 집에 오는 날에는 내가 식사 준비를 하고 싶다. 시댁에 온다고 몇 시간씩을 달려온 며느리들에게 따슨밥을 해주고 싶어서이다. 생각 같아서는 우리 집에서만은 내가 다 해 먹이고 싶지만, 이제는 지네 자식들이 있다 보니 그 애들이 먹고 싶은 것들로 해주고 싶은 모양이다. 그러니 나도 이제는 정말 시어머니가 된 기분이다. 남이 해주는 밥은 맛있는 법, 그것도 며느리들이 해주는 밥이니 더 맛있을 수밖에 없다.

아이들의 얼굴을 떠올리며 하나하나 사다 보면 내 편의 손에는 점점 더 무게가 더해 간다. 나는 남편의 호칭을 내 편이라 한다. 남의 편이 아닌 내 편, 남편은 내 편이다. 내가 하나 든다고 해도 한 사코 무거우면 무거운 대로, 가벼우면 가벼운 대로 그렇게 들고 따라다니는 내 편이 이제는 옛날 같지 않고 측은하게 보이는 것은 웬 심사인지 모르겠다. 머리는 하얗게 세서 누가 봐도 할아버지다. 그래도 아직도 청년인 양 무겁단 말 한마디 하지 않는 그를 보면 나를 위해서라기보다 그도 아이들의 얼굴을 떠올렸음이 분명하다. 그래서 무거운 줄도 모르고 시장을 누비면서 따라다녔을 것이다. 우리가 함께할 수 있다는 것 그것만으로 만족하다. 수십 년 살아온 세월 동안 서로의 눈빛만 봐도 무엇을 말하는지 아는 세월이다.

나는 조그만 비닐봉지 하나를 들고 그의 뒤를 따른다. 하얗게 센 머리를 보면서 그래도 등은 굽지 않아서 다행이라는 생각을 한다. 집에 돌아와 무거운 짐을 내려놓고 마주 보면 예전에는 없었던 "휴" 하는 한숨이 절로 나온다. 이제는 우리도 청춘이 아니라는 것을 알지만 그래도 언제나 마음은 청춘인 그를 본다. 늘 환하게 보름달 같은 미소를 짓는 그를 보며 우리의 함께 했던 세월이 그에 흰머리만큼의 연륜이라는 것을 알 수 있다.

금오도일지 17
_다시 또 봄

    요즈음은 하루가 멀다고 강풍 주의보가 내리면서 바람이 거세게 불더니 금오도의 온 산이 비단옷으로 갈아입은 듯 산벚꽃이 환하게 봄의 치장을 하고 있습니다.
    이 섬에 산벚꽃이 피면 늙은 여인들의 마음도 봄 처녀가 된 듯한 것을 보면 나이와는 상관없는 듯싶습니다. 윗녘에서는 눈이 온다고 하는데 이곳에서는 이산 저산에 산벚꽃이 피면서 진정 봄은 마음으로부터 오고 있는듯합니다. 오늘은 아침 해가 바다 쪽으로 많이 내려오고 있는 것이 보이는 듯 아침에 일어나서 창문 밖을 보면 해님도 천천히 바다 쪽을 걷고 있는 것이 보입니다. 도시에서의 봄은 언제 지나갔는지 날씨가 따뜻해지면 봄이구나 하고 더워지면 여름이구나 생각하며 살았습니다. 이곳에서는 날마다 같은 날이 없습니다. 봄은 눈으로부터 옵니다. 마당에 나가면 나의 작은 정원에서는 봄꽃들이 날마다 다른 얼굴로 나를 맞이하고, 앞산을 보아도 날마다 다른 모습입니다. 어제는 보이지 않던 벚꽃이, 오늘은 환하게 꽃잎을 터뜨리는가 하면 산새들의 노랫소리도 조금씩 늘어나는 것 같습니다. 참새떼도 더 많이 무리 지어 날아다닙니다. 우리의 아침잠을 깨우는 산새 소리는 아직 들리지 않습니다. 아직도 어디에서 겨울잠을 자고 있는지 모르겠습니다.

여름이 되면 아마도 날마다 우리의 아침잠을 깨울 것입니다. 사계 중 제일 화려한 계절이 봄이지 싶습니다. 여기를 봐도 저기를 봐도 봄은 생기가 납니다. 들풀도 고개를 들기 시작합니다. 봄까치꽃과 장구나물꽃은 벌써 봄맞이를 끝냈습니다. 앙증맞은 봄까치꽃을 보면 옷깃을 세우면서도 왠지 그 손을 풀고 싶어집니다.

일 년 내내 서리가 내릴 때까지 나와 실랑이했던 괭이밥풀도 이제 고개를 들고 새싹을 틔웁니다. 바다에서도 조개들이 살을 채우는 중일 것입니다. 영등시가 되면 올해도 이장님은 조개 영튼다는 봄의 소리를 마을 방송으로 들려줄 것입니다. 바다도 봄이 온다는 것을 아는 모양입니다. 벚꽃이 피면 또 꽃을 시샘하는 바람이 심술을 부리겠지만 벚꽃만큼 사람의 마음을 설레게 하는 꽃도 없을 거라는 생각입니다.

우리 집 입구에는 하얀 목련이 한창입니다. 곱고 우아한 백목련과 벚꽃은 또 다른 느낌입니다. 목련을 보고 있으면 왠지 마음이 차분해집니다. 그리운 사람에게 목련이 피었다고 엽서라도 보내고 싶은 마음이 간절합니다. 벚꽃을 보면 방방 뜨는 기분입니다. 누군가와 재잘거리면서 꽃잎 하나 머리에 이고 벚꽃길을 걷고 싶은 그런 꽃입니다.

오늘은 내 작은 정원에서 히아신스 향기가 천리향과 어우러져

꽃향기로 온 마음을 젖게 만듭니다. 봄이 아니면 느껴보지 못할 이 황홀함, 올봄도 그렇게 맞이합니다. 히아신스의 사이에서 빨갛게 얼굴을 내민 원종 튤립이 나도 여기 있다고 웃고 있습니다. 조금 있으면 더 많은 봄꽃이 필 것입니다. 모란과 영산홍 그리고 붓꽃 등입니다. 지금은 꽃잔디가 빨갛게 꽃길을 만들어 주고 있습니다. 화려한 봄날은 이렇게 날마다 다른 모습으로 나에게 선물을 합니다. 자연이 아니면 볼 수 없는 그런 봄날입니다.

이 많은 호사를 우리는 아무 대가도 없이 누리면서 살고 있습니다. 오늘은 빨간 꽃잔디가 피어 있는 꽃길을 따라 걸어봅니다. 걷다 보면 앙증맞은 분홍 누운주름꽃이 내 발길을 멈추게 합니다. 어쩌면 저리도 고운지요. 잡초를 잡기 위해 심어놓은 꽃들이 지피식물 역할을 잘해주면서 이렇게 환한 꽃 잔치를 펼칩니다.

이른 봄, 제일 먼저 내 마음에 자리 잡던 앙증맞은 크로커스와 노란 수선화는 이제 자리를 내어주고 뒤로 물러나 있습니다. 지금은 곱고 화려한 튤립과 보라색 무스카리가 그 자리를 채우고 있습니다. 오월의 장미는 또 얼마나 아름다움을 뽐낼 것인지 벌써 설렙니다.

올봄도 참 아름다운 금오도의 봄입니다. 조금 있으면 또 금오도의 벚꽃 십 리 길이 열릴 것입니다. 그러면 나는 또 그 벚꽃길을 걸을 것입니다. 바람과 함께 벚꽃길을 걸으면서 올해도 나의 봄을 이렇게 맞고 보내는 중입니다. 아름다운 봄날입니다.

윤문칠

사진 한 장의 추억
생선 세 마리
아버지의 군불 사랑
초복 날의 갯장어

2019년 한국수필(등단)

현대문예협회(2002년 등단)

전) 여수고등학교 교장, 전) 전라남도 민선 교육의원,

전라남도 명예예술인(문학)

여수 수필문학협회 회장(현)

저서

「여니와 수니의 느낌표」(수필집)

「칼럼 윤문칠」

「못생긴 나무가 산을 지키듯이」(수필집)

사진 한 장의 추억

오랜만에 수납장 위에 올려둔 사진첩을 꺼냈다. 먼지가 소복이 쌓인 앨범을 펼치는 순간, 우리 딸 세라와 송이의 어린 시절이 담긴 사진 한 장이 눈에 들어왔다. 천진난만한 웃음, 반짝이는 눈망울, 그리고 사랑스러운 손길들. 사진 속 그 순간들은 여전히 생생하고 따뜻했다. 손끝으로 사진을 어루만지며, 벌써 40년 가까이 지난 시간이 믿기지 않았다. 사진을 바라다보니, 가족과 함께 살았던 국동마을의 기억이 떠올랐다. 40여 년 전, 갯바람이 은은히 스며들던 구봉산 아래 집에서 네 딸과 아들 하나를 키우며 분주하면서도 행복한 나날을 보냈다.

주말이면 가족들과 나들이를 자주 다녔을 때는 무엇이든 해낼 수 있을 것만 같은

어느 봄날, 여섯 살이던 세라와 송이를 데리고 흥국사 로터리 광장에서 사진을 찍었다. 작은 어깨에 꿈을 가득 안고 있던 그 모습이 아직도 눈앞에 선하다.

윤문칠

문득 예전에 읽었던 기사가 떠올랐다. '세상에서 가장 아름다운 말' 1위가 '어머니'였다고 한다. 그 순간, 내 기억 속에는 어린 딸들의 모습이 선명하게 떠올라 문득, 나 역시도 그 시절 딸들에게 한없이 따뜻한 품이었을까 하는 생각이 스쳤다.

아이에게 한없이 따뜻한 품이자 끝없는 안식처인 어머니의 존재는 어린 딸들의 재잘거림과 웃음소리는 여전히 그때 일들이 생생하게 떠오른다. 이제는 엄마가 된 두 딸이 손녀들에게 같은 사랑을 쏟는 모습을 보며, 세월이 흘러도 변하지 않는 따뜻한 유대감을 느낀다. 딸들이 아이를 돌보는 모습에서 아내의 젊은 시절이 떠오르고, 손녀들이 웃을 때마다 과거와 현재가 아름답게 연결되는 듯하다.

세라는 언제나 씩씩하고 활발한 아이였다. 그리고 송이는 조용하지만 깊은 생각을 가진 아이였다. 막내 송이가 태어나자 할머니는 '이제 더는 딸을 낳지 말라'는 의미로 '다나'라는 이름을 지어주셨지만, 나는 푸르고 강하게 자라길 바라며 '송(松)'이라는 이름을 선택했다. 송이는 내 바람처럼 단단한 삶을 살아가고 있다. 이제 어엿한 교육공무원이 되어, 묵묵히 자신의 길을 걸어가는 모습을 보면, 딸들이 잘 자랐구나 싶고, 그 뒤에 아내의 보이지 않는 헌신이 있었음을 새삼 깨닫는다.

두 딸은 성격도, 식성도 사뭇 달랐다. 세라는 생선을 좋아했지만, 송이는 생선과 멸치를 보면 기겁하곤 했다. 어릴 적 자동차 뒷좌석에 나란히 앉아 아나운서 흉내를 내던 두 딸. 아무런 대본도 없이 재미난 극을 만들며 재잘거리던 그 목소리가 아직도 생생하다. 시간이 흘러, 세라는 언론계로, 송이는 교육계로 진로를 정했다. 어린 시절의 놀이가 어쩌면 꿈을 키우는 씨앗이었을지도 모른다.

세라는 든든한 남편과 가정을 꾸려 두 딸을 키우고 있다. 언젠가 세라가 송이의 인연을 연결해 주었고, 송이는 서울대학교 교수회관에서 결혼식을 올렸다. 세월이 흘러도 흐뭇한 건, 손녀들이 어찌 그리도 엄마의 어릴 적 모습과 닮았는지. 세라의 딸 유나와 유주, 송이의 딸 윤비를 볼 때마다, 나는 과거와 현재가 맞닿아 있음을 실감한다. 그 작은 손들이 내 손을 잡을 때면, 마치 시간이 멈춘 듯 가슴이 뭉클하지만 세월은 참 냉정하다. 일흔을 훌쩍 넘긴 나는 이제 예전처럼 기운이 넘치지 않는다. 가끔은 청춘을 돌려 달라고 노래해 보지만, 흐르는 시간을 어찌 붙잡을 수 있으랴! 요즘은 눈이 침침해져, 자동차를 막내딸에게 넘기고 나서는 운전대 대신 걸어 다니는 일이 많아졌다. 그만큼 나도 점점 더 외로움을 느끼게 된다. 예전에는 바쁜 일상이 외로움을 밀어냈지만, 이제는 외로움이 문틈 사이로 스며드니 세월의 흐름에 몸도 마음도 변해 가고 있다. 예전에는 참을 수 있었던 눈물도 이젠 쉽게 고인다.

자식들의 성공을 위해 살아온 삶과 지나온 날들을 돌아보며, 그 순간들이 남긴 따뜻한 기억이 떠오른다.

핸드폰도 없던 시절, 카메라 필름 한 장에 담긴 세라와 송이의 천진난만한 모습처럼, 추억은 흐려가고 세상은 많이 변했지만, 두 딸 마음속에 있는 사랑은 언제나 함께 서로가 서로에게 힘이 되어주면 좋겠다며 사진 한 장을 바라본다.

생선 세 마리

 올가을은 특히나 단풍이 예쁘게 물들어 피고 지는 모습이 다른 해보다 오래 지속되는 것 같다. 붉게 물든 빼어난 단풍의 풍경을 내 휴대전화기 속에 담아 가족 단톡방에 올렸다. 가을풍경을 가족들과 함께 공유하고 싶은 마음에 사진을 올리고 답장을 기다리는데, 뜬금없이 아내가 작은 생선 세 마리를 찍은 사진을 보냈다.
 오후 재래시장에 간 아내가 저녁 반찬이라며 자랑이라도 하듯 올린 것이다.
 바닷가 근방에 생활했기 때문에 매년 이맘때면 생선구이나 조림과 같은 생선 음식을 자주 식탁 위에 올려놓는다.
 삑~~ 비밀번호를 누르고 들어오는 아내의 손에는 검정 비닐봉지가 들려있다.
 재래시장에서 싱싱하고 좋은 생선을 싼 가격에 샀다며 가까이 사는 딸 식구들을 불러 함께 저녁 식사를 하자는 말에 나는 기쁜 마음으로 전화를 했다. 저녁 밥상에 생선조림이 식탁에 올라왔다.

윤문칠

접시를 가져와 나와 손주들에게 모두 나눠 주고선 자신의 접시에는 무만 몇 개 올려놓는다. 그런 아내를 보고 내 몫의 반 토막을 아내의 접시에 슬그머니 놓으려고 하자 아내는 내 손길을 뿌리치며 다시 가져가라고 한다.

손주 중, 나와 식성이 비슷한 막내 손녀 유주가 나를 바라보며 "할머니가 싫어하는데 할아버지 왜 그러세요?" 하며 바라본다. 할아버지 마음도 모른 채 귀엽게 대답하는 손녀의 말에 식구들은 크게 웃었다. 40여 년을 교직에 있으면서 청렴과 헌신으로 교육에 몸 바쳐 희망과 행복이라는 씨앗을 정성껏 제자들에게 심어 주고 퇴직한 실버남이다.

이런 일로 실랑이를 해봤자 매번 그랬듯 당해내지 못하는 걸 아는 나는 다시 가져와 손녀 유주의 접시에 놓아 주었다. 평생 자신을 희생하고, 가정을 꾸리기 위해 그저 모으기만 열심히 한 아내는 늘 나의 거울이 되어주었다.

요즘 아내는 알람을 5시에 설정해 놓고 일찍 일어나 건강을 위해 분주히 시간을 보낸다. 건강에 좋다는 채소즙을 내서 식탁에 한 접시 채워 놓고 나간다. 그 모습을 지켜보다가 실버가 된 내가 많이 의지하며 살아가고 있다는 것을 느낀다.

"우리 건강은 우리가 잘 챙깁시다."

말을 건네며 웃고 나가는 아내의 모습을 바라볼 때면 기분이 참 좋아진다.

서로 존중하고 버팀목이 되어야 한다고 말하는 아내를 바라볼 때면 가끔은 부모님 생각이 난다. 부모님이 노년이었을 때, 나는 노년이 아주 멀리 있는 줄 알았는데 소리도 없이 어느새 성큼 내 앞에서 서 있는 것이 아닌가.

아침 일찍 친구를 만나 점심을 먹고 찻집에 앉아 시시콜콜한 이야기를 나누고 돌아와 오늘 일을 기억하기 위해 글을 쓰고 있다. 교단에서 수학 교사로 제자들을 가르쳤던 그 기억을, 학교가 끝나고 찾아온 손녀들에게 즐거운 마음으로 가르쳐 주고 있다. '이것 모르겠어요.'하며 물어보는 모습에 오래되어 잊었던 그 내용들을 새로이 알게 될 때 엔도르핀이 솟는다고나 할까? 나도 기분이 좋아지지만, 너무나 좋아하는 손녀의 모습에 활력소가 된다.

"할아버지처럼 멋진 사람이 어디 있어?"

아내는 항상 나를 응원해 준다.

"윤비도 할아버지 닮아서 수학 박사네"라는 말까지 한다. 나에게 힘이 되는 따뜻한 사랑과 응원에 감사하는 마음이 솟고 행복하기까지 하다.

생선조림을 맛있게 먹고 아부하는 것이 아니다. 내가 사랑하는 사람들이 늘 건강하고 행복하였으면 좋겠다는 마음이다. 요즘은 통신이 잘 발달하여 소중한 분들과 매일 카톡으로 안부를 나눌 수 있어 참 좋다.

몸도 마음도 늘 건강한 삶! 언제나 함께 가까이에 있어서 가끔은 그 소중함을 모를 때도 있지만, 오늘만큼은 말하고 싶다.

"여보! 오늘 조림 맛있게 먹었어요. 늘 감사해요. 그리고 다들 사랑해요."

아버지의 군불 사랑

　어릴 적 함께 놀고 자란 소꿉친구를 고향 바닷가에서 만났다. 중학교 졸업 후 각자의 삶을 살다가, 하얗게 센 머리를 한 친구와 근처의 커피숍에서 차 한 잔을 사이에 두고 오랜 세월 동안 가슴에 묻어둔 속내를 조심스럽게 털어놓는다.
　친구가 창밖을 바라보며 "봄이면 뒷산에 활짝 피었던 진달래가 그립다"라고 하면서 바닷물이 빠지는 썰물 때 갱 본에서 놀았던 옛이야기로 미소를 띤다. 참 살기 힘들고 가난했던 60년대, 나무를 연료로 사용했기 때문에 우리 마을 뒤 구봉산은 나무 한 그루 찾아보기 힘든 민둥산이었다.
　초등학교 시절, 오후가 되면 할아버지의 등쌀에 소를 몰고 허허벌판이던 산에 방목해 놓고, 중턱에 앉아 가막만 일대의 섬들을 보았을 때는, 공부는 안 하고 놀기만 해도 즐겁고 행복했다. 해가 떠오를 땐 붉게 물든 바닷물을 바라보며, 해가 질 무렵이면 섬 위로 걸리는 황금빛 노을이 한 폭의 그림처럼 펼쳐졌다. 그런 풍경을 보면서 자랐다. 추운 겨울날, 땔나무인 '등거리(장작)를 모아 불씨를 살려 군불을 지펴 가마솥에 소여물을 끓이면, 온돌방은 따뜻했다. 일상이 다 그렇듯 산과 들, 흙과 혼연일체가 되어 살았다. 그래서 항상 손톱의 때와 갈라진 손등으로 뜨거움이 밀려와 소여물의 물을 대야에 퍼내 손을 씻었다. 방구석 두지에서 고구마를 꺼내 불이 사그라진 재 속에 묻었다가 꺼내 먹을 때는 손과 얼굴이 늘 까매졌다. 동네 친구들이 좋아서 짓궂게 군것질도 많이 하여 엄마에게 꾸중을 듣던 그 시절이 아직도 생생하다.

그 시절엔 대부분이 민둥산이었지만, 미평 수원지가 있는 봉화산은 상수도 보호구역으로 지정되어 출입이 통제된 덕분에 자연이 훼손되지 않아 울창한 숲을 간직하고 있었다.

나무꾼들은 이곳에서 갈퀴나무를 버겁도록 해서 지게에 지고 서정 오일장에 내다 팔았다. 나무를 구매하는 사람 집에는 직접 옮겨주었던 기억이 난다.

목재소도 없던 시절, 아버지는 통나무를 구해와 그 자리에서 낫으로 껍질을 벗겼다. 목수들은 사각으로 다듬어 기둥을 세워 황토 흙집을 짓고, 서까래를 올려 기와집을 완성했다. 그때만 해도 모든 집이 나무를 연료로 사용했기에 군불을 때는 것은 일상이었다.

땔나무를 해오다 산림원에게 적발되어 새마을 노래를 부르며 손을 들고 벌을 받기도 했던 그 시절을 생각하면 웃음이 떠나지 않는다. 그러다 세월이 흘러 산림녹화 사업이 시작되었고, 정부는 강산을 푸르게 하려고 여기저기 민둥산에 나무를 심었다. 중학교 때는 단체로 소나무에 송충이를 잡았고 쥐꼬리를 학교에 냈던 기억도 있다.

　도시화가 진행되면서 아궁이는 어느샌가 연탄보일러·기름보일러·가스보일러로 발전하면서 나무 연료는 사라졌다. 그러나 방에 열기를 전달하는 원리는 여전히 온돌 방식을 택하고 있다.

　"요즘은 버튼 하나만 누르면 따뜻한 세상이잖아."

　"그래도 그때의 한밤중에 일어나 아궁이에 군불을 지피든 모습이 아직도 잊히지 않아."

　사람들은 이런 말을 한다. 이 말을 듣던 나도 문득 겨울밤이면 조용히 일어나 아궁이에 불을 지피던 아버지가 생각났다. 방바닥이 노곤하게 데워지면 우리는 깊은 잠 속으로 빠져들었다. 온돌방에서 자고 일어나야 온몸이 개운했다. 그 따뜻한 만큼이나 서로의 마음을 녹여주는 온돌방이었다. 아버지의 군불 덕분에 우리에게는 따뜻한 사랑의 방이었다.

　이제 구봉산도 나무와 소나무들로 울창한 숲을 두르고 있다. 사시사철 아름다운 운치를 즐길 수 있는 자연 그대로를 담고 있다. 세월이 흐른 후에야, 가족을 위해 군불로 온돌방을 데워주신 아버지의 사랑을 깨달았다. 아버지는 우리에게 큰 감동과 행복을 선사했다.

　친구와 함께했던 추억은 짧았지만 멋진 만남이 항상 함께여서 감사한 마음으로 못생긴 나무가 산을 지키듯 우리의 추억들을 묵묵히 간직하고 싶다.

초복 날의 갯장어

　무더위가 기승을 부르는 아침이다. 사우나랑 같이하는 헬스장에 근력운동을 위해 아침 일찍 찾았다. 교육계를 떠난 지 오래되어 이제 일과는 거리가 먼 백수의 삶을 살고 있는데, 초등학생인 손녀 유주가 자기 엄마 핸드폰으로 전화했다.
　할아버지 어디세요? 아침 운동하고 있다. 우리 우주는 어디예요? 라고 물으니 아침 식사한다면서 오늘 초복인데 점심때 엄마랑 같이 삼계탕 드세요. 라고 한다.
　아! 오늘 초복이구나. 우리 유주가 할아버지를 잊지 않고 전화를 했다고 하며 미소 띤 모습으로 운동을 마쳤다. 집에 도착하여 달력을 넘기면서 초복(7월 15일), 중복(7월 25일), 말복(8월 14일)을 표시하였다.
　초복은 본격적인 무더위의 시작을 예고하는 날로, 하지로부터 셋째 경일(일요일)을 가리킨다. 초복에서 중복까지는 10일, 중복에서 말복까지는 20일, 초복에서 말복까지는 30일이 걸린다. 만약 초복에서 말복까지 20일 만에 삼복이 들면 매복이라고 한다. 초복, 중복, 말복인 '삼복'을 거쳐야 우리나라에서는 선선한 바람이 불어올 가을을 맞이할 수 있다. '복'의 의미는 엎드릴 복(伏)자로 가을이 여름을 밟고 올라오려고 하지만 결국 더위에 굴복해 엎드린다는 의미가 있기도 하다.

초복에는 더위를 이기기 위해 산간 계곡을 찾아서 청유를 즐기고, 개장국·삼계탕 같은 자양분이 많은 음식으로 몸을 보신하고, 더위와 질병을 예방한다고 하여 팥죽을 먹기도 했다. 전라도에서는 밀을 가루 내어 부치는 밀전병이나 수박을, 충청도에서는 복날 새벽 일찍 우물물을 길어다 먹으면 복이 온다고 한다.

복날에 목욕하면 몸이 여윈다고 복날에는 아무리 더위도 목욕하지 않는 풍습이 있었다고 한다. 손녀 때문에 잃고 있었던 복날을 다시 한번 찾아 글로 남기고 있다. 점심때쯤 딸인 세라가 집으로 찾아왔다.

아빠! 오늘 무엇을 먹을까요? 물었다. 우리는 경도와 돌산대교가 보이는 당머리 포구 하얀 집을 찾아 아내와 같이 바닷가 창가에 앉아 갯장어(하모)로 준비를 했다. 선상낚시를 하는 조그만 선박이 몇 척 떠 있었다. 낚싯배를 타고 낚시하러 다녔던 젊은 날을 회상해 본다. 그때는 낚시로 많은 고기를 잡을 수 있었다. 우리 집은 어선을 운영하는 선주집이어서 낚시로 잡은 고기를 지인들에게 주곤 했다며 재미있었던 이야기로 맛있게 점심을 포식했다.

여수 팔경의 중심지인 원도심 한복판에 있는 남산공원에 올랐다. 바닷가에서 불어오는 시원한 바람을 쓰이며 아름다운 풍광에 취해 마음이 확 트였다. 주변의 벤치에 앉았다. 천혜의 명경지수인 항구도시의 아름다움과 거북선대교와 돌산대교, 케이블카를 통해 매력 있는 해양공원의 밤바다와 낭만과 예술의 아름다움이 가득한 풍광이다.

여의주처럼 둥글둥글한 장군도와 돌산대교 사이에는 임진왜란 시 왜구의 침입을 막기 위해 유일하게 쌓은 석성이 있다. 남산, 돌산, 경도의 자연적 가치가 뛰어난 세 용(龍)이 여의주를 탐하려고 했다는 전설이 있는 장군도가 있는 주위 풍광은 여수 밤바다를 구경할 수 있는 최고의 야경 명소다.

학교가 끝나고 4시쯤 유주에게서 전화가 왔다.

할아버지 점심 뭐 드셨어요. 너의 엄마가 갯장어를 사주어 잘 먹었다. 유주야! 초복 날짜를 어떻게 알았어요? 어제 엄마가 내일 초복이라 해서 오늘 할아버지에게 전화 한 것이에요. 유주야! 고맙다 하며 전화를 끊었다. 손녀 덕분에 갯장어 포식에, 남산공원에 올라 천혜의 아름다운 한려수도 항구도시 풍광에 푹 빠진 날이었다. 중복 때에는 어떤 손주에게 전화가 올까? 기다려진다.

윤문칠

사회사업가(사회복지사)

한국문인협회여수지부 회원, 동부수필문학회 회원,

한국수필가협회 회원, 서정문학작가회 회원

한국수필 신인상 등단(2024), 서정문학 수필 신인상 등단(2023),

한국문학세상 수필 신인문학상(2024)

한국문인협회여수지부 주관 제31회 여수시민백일장 장원(2022년, 산문 부문)

사회복지법인 베타니아복지재단 이사장 및 베타니아아동발달지원센터 대표(현)

국민포장 수훈(2009년), 보건복지부장관, 전라남도지사 표창 등 다수

일간신문, 월간잡지, 인터넷신문 등 칼럼, 기고문 55편

저서

「작은 나루 이야기」(산문집)
「숲을 품은 아이들」(산문집)
「인권과 복지」(전문서적)

김종호

기행 수필 1. 로마와 지중해 크루즈 여행
기행 수필 2. 쉼 없이 달려온 나에게 준, 멋있는 보상
기행 수필 3. 성지순례와 희년
기행 수필 4. 까르페 디엠(carpe diem)

로마와 지중해 크루즈 여행

　나에게 여행은 나를 위한 치유의 시간이고, 행복한 로망이다! 나를 찾는 구도의 길이고 '비움과 채움의 샘터'라고 믿는다. 올해 2월에 내 버킷리스트 네 번째인 '지중해 크루즈 여행'을 10년 만에 성취했다. 7박 8일 여정이었고, 로마 관광 4일을 추가한 것은 덤이었다. 로마행 항공기에 탑승하여 두 번의 기내식과 영화를 보며 13시간의 여정을 만끽하며 출발한 게 엊그제 같았는데, 벌써 여행을 다녀온 지 몇 달이 되었다. 일기와 사진들을 정리하며 나의 특별한 여행을 돌아본다.

　간절한 꿈은 이루어지지만, 막연한 기대나 바람만으로 성취할 수 없는 게 꿈이다. 그래서, 나는 7년 전부터 구체적으로 매달 100$씩 여행비를 적금했다. 항공기 마일리지도 20여 년간 적립하면서 함께 갈 동반자를 찾아 해마다 애면글면하였다. 꿈이 있다는 것은 확실히 아름다운 것이고, 꿈꾸는 자에게는 한계란 없는 법이다.

 드디어, 작년 10월에 올해 2월 일정으로 지중해 크루즈여행을 예약했다. 천주교에서 25년 만에 선포된 희년(Jubilee)에 순례자가 되어 특별한 은사를 받고 싶었기 때문이었다. 5개월이면 여행 준비에는 충분한 시간이어서 들뜬 기분 속에 살아가는데, 함께 갈 동반자가 갑자기 못 가게 되어 큰 손해를 보고 취소될 위기도 있었다.

 첫째 날은 밤에 도착한 공항에서 호텔로 이동하여 숙박했고, 둘째 날은 아침부터 오후까지 바티칸박물관과 시스티나성당을 관람했다. 천사의 성, 테베레강과 다리의 야경을 보았다. 셋째 날은 아침 일찍 성 베드로 대성당(San Pietro Basilica)을 찾아 반나절을 보냈고, 오후엔 스페인 광장과 계단, 판테온 신전(성모마리아 대성당), 나보나 광장을 휠체어로 찾아다녔다. 넷째 날은 트레비분수를 6번째 찾아가 사진다운 사진을 찍고, 콜로세움에서 오전 3시간을 보냈다. 오후엔 포로로마노가 인근이었지만 휠체어로 갈 수가 없어 빈콜리 성 베드로 성당을 찾았고, 로마 4대 성당인 산타마리아 마조레 대성전을 찾아 순례했다.

 30년 만에 3번째 찾은 로마 관광은 젊어서 단체로 성지순례 왔을 때와는 전혀 다른 모습으로 다가왔다. 로마는 도시 전체가 문화, 예술 자체고 역사임을 느끼며 여기 내가 현존한다는 사실만으로도 벅차오르는 감동을 주체하기 힘들었다. 음성 안내기(Oudio guide)는 로마는 물론, 크루즈 기항지 도시 관광에서도 겉모습이나 양보

김종호

다 질을 우선하는 도구가 되었고, 감각적이고 예술적 측면은 물론이고 역사와 전문적인 지식을 얻을 수 있어 큰 도움이 됐다.

다섯째 날, 지중해 크루즈 여행이 로마의 무역항인 치비타베키아에서 시작됐다. 우리가 탑승한 배는 2021년에 건조한 최신, 최고, 최대의 친환경적인 20층 높이 규모다. 6,000여 명의 승객을 2,083명의 크루(다양한 직원의 총칭)가 서비스하는 매머드 호텔 등 모든 게 하나의 도시를 옮겨다 놓은 듯했다. 12시경에 탑승하여 예약한 객실에 짐을 풀고, 점심 후에는 안전교육, 배의 구조와 선내 곳곳을 구경하면서 시작된 크루즈여행에 대한 들뜬 마음을 주체하기 힘들었다.

다음 날, 우리가 기항한 도시는 메시나였다. 1시간 거리에 타오르미나에 갈 수 있는 행운을 얻었다. 타오르미나 원형극장은 기원전 3세기 그리스 지배 시대 2,300년 역사의 유적지다. 도시의 맨 꼭대기에 원형극장을 지은 목적이 무엇이었을까? '일리아스'와 '오디세이아'로부터 시작된 그리스신화와 그 후, 로마 신화의 중심지였던 지중해와 시칠리아 역사는 여행 전부터 톺아보았다.

그다음 날은 지중해의 보물이라고 하는 몰타공화국 발레타시에 기항했다. 도시 전체가 고성이요 요새로 유네스코 세계문화유산이었다. 내가 중세시대로 시간여행을 온 듯했다. 우리를 더욱 놀라게 했던 일은 고고학박물관이었고, 성 요한 대성당이었다. 이 도시에서는 동양인을 거의 만나지 못했던 것이 특이했다.

탑승 4일째 날은 크루즈 일정 중 유일하게 기항하지 않고 하루를 선내에서 즐기는 날이었다. 크루즈 선내에서의 생활과 에피소

드는 별도의 주제로 글을 썼다.

 다음 날은 나의 지중해 여행 목적 중의 하나요, 15년 전부터 그토록 가고 싶었던 곳, 바르셀로나였다. 1881년부터 짓고 있는 가우디의 사그라다 파밀리아(성가정) 대성전에서 내 영혼은 저절로 '오 하느님 감사합니다!' 하며 기도인지, 감탄사이지 영가를 쏟아내고 있었다.

 크루즈 여섯째 날. 유럽의 문화도시, 프랑스 2번째 큰 도시 마르세유 관광은 유럽 문명의 어머니라 불리는 지중해 문명박물관과 요새, 전망대에서 숭고한 감동에 빠졌다. 사방이 한눈에 조망되는 최고의 유명 장소, 노트르담 드라가르드 성당에서는 우리나라와 민족을 위해 기원했다.

 어느덧, 크루즈 마지막 기항지. 이탈리아의 가장 큰 항구도시 제노바다. 페라리 광장을 들러서 가까운 곳에 콜럼버스 생가와 성암부로시오 대성당을 순례했다. 제노바 아쿠아리움 관람에서는 생태적인 환경 운영이 부러웠다. 마지막 전날 밤을 새벽까지 즐겨보려 했으나 몇 잔의 술 때문이었을까, 파라다이스에서의 음악 공연과 대극장의 화려한 쇼도 졸음이 방해해서 객실로 돌아와야 했다.

 여행의 마지막 날. 예정보다 30분 일찍 공항에 도착했다. 오후 1시 30분. 우리는 드디어 레오나르도다빈치 공항을 이륙하며 '아듀 로마', '안녕 지중해'를 작별 인사로 되뇌었다. 8시간의 시차 때문에 하루 벌었던 시간을 토해내 짧은 24일을 보내고 25일 오전에 인천공항에 무사히 귀국했다.

김종호

여수역에서 마중 나온 여사친 이 교수(김 교수 아내)와 모니카와 저녁 식사를 함께한 후, 집에 들어와 여행 가방을 정리하며 만감이 교차했다. 나는 13일간 유럽이라는 공간으로 여행한 것이 아니라, 1만 년의 시대와 시간을 여행한 것 같은 느낌이 들었다.

이 여행을 할 수 있도록 매 순간 합력하여 선(善)으로 이끌어 주신 하느님과 도와준 분들에게 감사했다. 무엇보다 김 교수가 고마웠고 그의 배려와 헌신에 감사했다. 여사친이 아니었다면 내 여행은 아직도 계획에 머물러 있었을 터다.

'나루(본인의 별호) 너 최선을 다했어. 체력도 대단했고. 많이 사랑해!'

마지막으로 자신에게도 수고했다, 고생했다, 고맙다고 말했다.

쉼 없이 달려온 나에게 준, 멋있는 보상

70여 년을 살아오면서 나는 자신에게 어떤 명목의 상(賞)을 준 적이 없었다. 자신을 너무 돌보지 못하며 살았고 스스로 혹사하며 5년 전까지는 평생을 일 중독자로 살았다. 월화수목금금금, 주말이 없고 쉬는 날 없이 일하는 것을 나는 훈장처럼 자랑하며 살았다. 이타적인 봉사와 사회복지 사업이라고 평계 대지만, 10여 년 전부터 내 삶이 크게 잘못 간다는 것을 자각하기 시작했다. 사업과 생활의 조화를 이루기 위해 다양한 방법을 찾아 애를 쓰는데, 2주간쯤 내 일생에 대한 가장 멋있는 보상으로 '지중해 크루즈 여행'을 주기로 했다.

작년 10월에 로마 4일을 덤으로 추가하여 크루즈 여행(7박 8일) 계획을 세워 4개국 8개 도시를 관광하는 코스를 예약했다. 크루즈 객실 예약도 일반 객실보다 2배 이상 비싼 최고급(YC클럽[1])

---

1) YC(Yacht)클럽 : 전담 매니저, 전용 레스토랑, 바, 수영장, 월풀, 극장 등 전용 좌석, 1일 $1,000 정도 비용

을 선택했고 로마의 4일 숙소도 4성급 호텔에 묵었다. 식사나 이동도 사치스럽지는 않되 품위 있는 존엄한 여가가 될 수 있도록 비용을 아끼지 않았다. 여기에 천주교 신자로서 25년마다 선포되는 희년의 은총을 얻기 위한 로마의 4대 성당과 기항지의 유명 성당 성지순례를 겸하는 여행을 했으니, 나에게 주는 선물로 이보다 더 좋은 선물이 없었고, 큰 상이었다.

이번 여행에서 내가 자신에게 준 선물은 아니지만, 유럽이라는 문화와 인본주의가 장애인인 나에게 준 선물이 너무 커서 얼마나 위로가 되고 치유를 받았는지 셈할 수가 없었다. 내가 30년 전에 우리 기관(단체) 표어로 만든 '장애인 먼저, 장애아동 더 먼저'가 실현되고 있는 사회가 바티칸시국이었다. 아니 이탈리아, 몰타, 프랑스, 스페인도 그랬다. 그것은 12일간 내가 입장했던 박물관과 성당, 유적지 어디에서도 동반자까지 포함해서 입장료를 받지 않았기 때문이었다. 처음에는 종교시설이고 공공시설이니까 그러려니 했는데 모두 무료입장이었다. 최소 일주일 전에 예약하지 않으면 입장이 불가능한 곳에서도, 사람들이 줄지어 기다리는 곳에도 우선 입장이었다. 봉사자들도 사회적 약자들에게는 무엇을 도와줄지 기다리고 있던 사람처럼 금방 다가와 필요를 묻고 해결해 주었다. 음성 안내기조차도 무료로 대여해 준 곳이 대부분이었다. 장애인이 대우(?)받는 사회, 사회적 약자를 배려하는 사회, 평등을 넘어 공평한 사회를 만들어 가는 유럽을 보았다.

사회적 약자에 대한 차별과 무관심, 소외하는 사회에서 당했던 상처와 아픔이 씻겨나가는 씻김굿 마당이었다. 입장료나 대여료를 계산해보면 2,000유로 가까운 금액이었지만, 어찌 이 가치를 금전으로 환산할 수 있겠는가. 우리나라는 언제나 이런 사회가 가능할까!

이번 여행에서 또 하나 내가 자신에게 준 좋은 선물은 방문한 곳마다 Audio guide(음성 안내기)를 빌려 한국말 해설을 들었던 것이었다. 몰타를 제외한 모든 나라의 관광지에서 우리나라 말로 해설해 주는 음성 안내기는 대한민국이 얼마나 경제 대국이 되었는지 가늠해 본 척도였다. 한국말 안내 홍보지조차 없던 시절을 생각하며 격세지감을 느꼈다. 휴대전화 크기 음성 안내기는 내 입장에서 관람할 곳을 요약해 주는 듯, 포인트를 알려준 역할이 가장 좋았다. 그 앞에 서서 감상하며 작품에 대한 설명이나 해설을 들으면 여태 경험하지 못한 다른 차원이어서 큰 도움이 됐다. 아는 것보다 즐기는 것이 낫다는 공자님 말씀도 알아야 제대로 즐길 수 있다고 본다.

로마와 크루즈 여행에서 내게 준 선물 중 최고 선물은 좋은 객실과 음식들이었다. 특히 기억에 남는 호텔은 콜로세움 인근에 로마 전통적인 세리오 호텔이다. 로비나 복도, 객실도 로마를 그대로 표현하여 그림과 조각 예술품들로 장식되었고, 바닥도 작은 모자이크식 타일 그림으로 고풍스러운(antique) 분위기가 맘에 들었다. 20여 가지 갓 요리한 샐러드와 빵, 음료, 각종 소스로 정성이 가득한 배려 깊은 조식 룸서비스는 오랫동안 잊지 못할 듯하다. 다시 오고 싶다면서 명함을 건너 받았다.

　바티칸박물관 내, 솔방울 정원 레스토랑에서 모짜렐라 치즈와 닭고기 요리로 먹은 멋진 점심도, 길거리 카페에서 현지인 흉내를 내며 먹었던 카푸치노, 샐러드와 맥주도 내겐 최고의 선물이었다. 고급 호텔에서의 하몽(프로슈토)을 비롯한 로마의 전통 음식으로 차려진 화려한 식사는 내가 품격 있는 여가를 즐기는 귀족 같았고 5만 명을 수용했다는 콜로세움을 내려다보는 레스토랑에서 스파게티와 샐러드를 너무 먹어 저녁 식사를 건너뛰어야 했다. 로마에서 유명한 피자 맛집(미쉐린 등 4개 기관 인증)에서 이탈리아 전통 피자 알타글리오를 먹어보고 고급식당가에서 이탈리안 요리와 맥주를 즐길 수 있었다. 피스타치오 맛을 추천한 며느리의 조언이 생각나 먹어봤던 젤라토는 단것을 싫어하는 내 취향에 적격이었다. 타오르미나에서 지중해 해산물 요리, 베레타에서 파스타를 먹었고, 맛집 레스토랑을 찾아 바르셀로나에서 먹어봐야 할 오징어 요리 깔라 마레스 로마노를 주문하고 셰프와 인증 사진도 한 컷 했다.

　크루즈 선내에서 객실은 최고급으로 YC 클럽 16층 좋은 위치에 넓은 공간은 물론, 베란다가 있고 대형 TV, 미니 바, 냉장고에는 주류와 음료, 간식들이 채워져 있었다. 모두 무료였다. 언제든지 우리의 필요를 서비스하는 전담 매니저가 있어 그림자처럼 수행했다. 식사는 YC 전용 레스토랑에서 매일 3끼마다 셰프의 즉석 최고 요리를 먹었고, 한 주간이 모두 다른 메뉴로 매일 3가지 요리 중 하나를 선택하는 음식을 즐길 수 있었다. 단언컨대, 최고 호텔 레스토랑 수준의 다양한 음식을 매일 경험하는 최고의 선물이었다.

  로마와 지중해 크루즈 여행 12일은 다시 누리기 쉽지 않을 인생 후반의 화양연화(花樣年華)였다. 머무르고 들렀던 곳들은 더없이 훌륭한 유적이요, 작품이요, 예술이었으며 이상향이었다. 성지순례와 로마와 지중해 크루즈 여행, 일석삼조(一石三鳥)의 생애 최고 여행으로 영원히 잊을 수 없는 추억이 되었다. 좀 더 일찍, 더 젊어서였다면 그 기쁨과 감동은 배가 되었을 터다.
  그러나 지금 내가 사는 이곳이 최고의 낙원이라는 것도 깨닫게 되었다. 언제나 편히 쉴 수 있는 곳, 나를 염려하고 내 편이 되어주는 사람들, 나를 사랑하는 가족들이 나에게 가장 큰 선물인 것을!
  나는 '늦었다고 생각할 때가 가장 빠른 때'란 말로 자위하고 살았다. 그러나 현실에서는 '늦었다고 생각할 때는 많이 늦었을 때'가 훨씬 많다는 것도 알고 있었다. 나처럼 어리석어서 너무 늦게 후회하지 말아야 한다.
  사랑하는 사람과 함께 하는 휴가, 그 여행이 자신에게 주는 가장 최고의 상이 아닐까 한다.

성지순례와 희년

나는 올해 2월에 로마와 지중해 크루즈 여행을 하면서 '성지순례'라는 명목의 선물을 하나 더 보태 자신에게 상(선물)을 줬다. 천주교에서 25년마다 선포되는 희년[2]이 바로 올해이기 때문이었다. 희년은 성 베드로 대성전의 굳게 닫힌 성년의 문을 교황이 활짝 열면서 시작된다. 이 희년에 성지를 순례하는 것은 특별한 선물이고, 두 번의 성지순례에서 아쉬웠던 부분을 채워 넣고 싶었다.

33년 전 1992년, 나는 생애 최초로 해외 성지순례를 다녀온 경험이 있다. 조비오 지도신부님을 모시고 33명이 20박 21일의 일정을 소화했는데, 지금 생각해 보아도 대단한 사건이었다. 구약(출애굽)에서 시작하여 예수님 탄생과 사도시대, 초대교회 시대, 중세와 근세 시대를 순례하는 여정으로 이집트, 이스라엘, 팔레스

---

[2] 희년(Jubilee) : 천주교회에서 신자들에게 특별한 영적 은혜를 베푸는 성스러운 해로 희년 대사는 25년마다 선포되며 로마의 4대 성당 및 세계 주교좌성당과 순교성당을 방문한 뒤 고해성사를 하고 영성체를 모신 모든 이에게 주어진다.

타인, 시리아, 이탈리아, 바티칸, 스페인, 포르투갈 8개국을 다녀왔다. 첫 해외 성지순례 중에 얻은 감동과 은총은 내 신앙의 뿌리를 깊이 내리는 결정적인 역할을 했다. 성경 구절에 등장하는 순례지에서는 내가 초대교회에 와 있는 것 같은 느낌을 받았고, 귀국 후에도 오랜 세월 묵상할 때마다 마치 어제의 일처럼 살아 움직였다. 사실 방문지에서마다 나는 기념사진을 누르기 바빴고, 나중에 사진을 정리할 때는 그곳이 그곳 같아 유적지나 성당을 구분하기조차 힘든 수박 겉핥기 순례였다. 그런데도 순례 은총은 각인되었다.

　3년 후, 첫 성지순례의 감동과 은혜가 너무 커서 이번에는 내가 주도하여 여행사와 일정을 짜고 사전에 순례 참가자 30명을 모았다. 방문하는 순례 성지에 해당하는 성경 말씀을 모두 찾아서 매주 하루씩 5개월간을 미리 공부했다. 성경 강의 선교사를 지도자로 모시고 성지순례를 떠난 우리 일행은 매일 미사는 물론이고, 성지에 도착하면 성당이나 중요한 성지 앞에 모여 해당 성경을 봉독하고 묵상하며 기도한 후, 마지막에 사진을 찍고 이동했다. 더 머무르고 싶은 곳에서도 단체여행이라는 한계로 일정에 따라야 한다는 게 가장 아쉬웠다. 거의 매일 저녁에는 숙소인 호텔 공간을 빌려 작은 기도회와 소감 나눔을 가졌던 것은 신의 한 수였다. 30년이 지난 지금도 함께했던 순례 동기는 그때의 경이로운 감동과 형언할 수 없는 감사를 잊지 못한다.

　아직도 생생히 기억하는 것은, 우리를 이스라엘에서 안내한 분이 프란치스코 수도회 수사님이셨는데, 우리 순례단에 한 첫마디 말씀이었다.

"여러분은 관광하러 온 것인가? 성지를 순례하러 온 것인가? 예수님 시대도 현재도 3부류의 사람들이 있다. 첫째는 예수를 믿고 따르는 사람들, 둘째는 예수님과 제자들이 무슨 짓을 하나 구경하는 사람들, 마지막으로 아무 관심이 없거나 훼방하는 사람들이다. 여러분은 어디에 해당하는지 지금 결단하라!" 첫째 부류 사람들이 되지 않으면 예수님과 제자들, 초대교회 공동체를 만날 수 없고 헛고생만 한다고 했다. 우리는 정신이 번쩍 들어 순례 일정 내내 예수님의 제자가 되려고 노력했기에 오랜 세월이 흘러도 살아있는 말씀이 아닐까 한다.

30년 만에 다시 찾은 로마에서 성지순례는 젊어서 단체로 왔을 때와는 전혀 다른 모습으로 다가왔다. 3번째 방문한 곳에서도, 처음 대면한 곳도, 사진이나 찍는 관광이 아니라, 음성 안내기를 통한 해설을 들으며 머무르고 싶은 곳에서는 시간에 구애받지 않고 감상하며 묵상(기도)했기 때문이었다. 음성 안내기는 시간에 쫓기는 일반 가이드의 짧은 설명이나 비전문적인 해설을 듣는 것과는 비교할 바가 아니었다. 작품이나 유물에 대한 역사적 배경과 해설을 들으면서 모든 문화와 예술의 모티브를 알아챘다.

성 베드로 대성전 희년의 문 앞에는 파도처럼 밀리는 순례자 한 사람, 한 사람이 잠시 걸음을 멈춰 손으로 만지거나 친구(親口) 하며 성호를 그었다. 나 역시 휠체어에서 일어나 문을 만지며 화살기도를 바치고 성당 안으로 들어섰다. 수십억 명의 사람 중에서 나 같은 장애인 노인을 특별히 이곳에 보내 주셨다는 감동은 오래오래 기억될 것 같다. 로마에서 바티칸박물관과 시스티나 성당, 판테온 신전(성모마리아 대성당), 수만 명의 순교지 콜로세움, 빈콜리의 성베드로 성당, 산타마리아마조레 대성전을 순례하며 사랑하는 사람들을 위해 봉헌하며 기도했다. 크루즈 여행 중에는 베레타(몰타)의 성 요한 대성당, 바르셀로나의 사그라다 파밀리아(성가정) 대성당, 마르세유의 노트르담드라가르드 대성당, 제노바의 암부로시오 성당을 순례했고 더 나은 미래를 위해 기도했다. 특히, 바르셀로나 사그라다파밀리아 대성당은 외부 파사드와 성당 내부에 눈을 들어 바라보는 모든 건축 양식과 작품 하나라도 빠뜨리지 않고 내 영과 기억 속에 모두 담으려 했다. 이곳에 내가 현존해 있다는 것이 꿈만 같았고 벅찬 느낌에 말을 잃었다. 중앙 제대로 다가가 머리 숙여 잠시 기도하며 감사드리는데, 나도 모르게 눈물이 볼을 적셨다. 그 눈물은 감사의 눈물로 나를 선택하시고 사랑해 주신 하느님께 영광을 돌리는 눈물이었다. 자세한 성지순례 일기[3]는 사진과 함께 별도 보관하였다.

이번 로마와 지중해 각 기항지 성지순례에서 나는 세상에서 가장 행복한 가톨릭 신자라는 생각 속에서 살았다. 30년 만에 나에게 주어진 성지순례는 말로 표현할 수 없을 만큼 벅찬 감동의 연속이었고, 영원히 사라지지 않을 행복한 추억으로, 내 신앙의 길동무로 함께 하리라.

---

3) 성지순례일기 : 별도로 작성 보관 중인데, 공유를 원하시면 메일을 이용하세요.

사실, 그리스도인들은 하느님 백성으로서 이 세상에 속하지 않고, 영원한 하느님의 나라를 향해 나아가는 여정에 희망으로 가득 찬 순례자다. 이번 성지순례는 모든 삶 속에서, 나는 순례자임을 깨닫게 해준 소중한 시간이었다. 너무 많은 은혜와 사랑을 받았다. 나도 희년의 정신으로 희망이라는 아름다운 꽃을 피워 그리스도의 향기를 전하리라. '많이 받은 자는 많이 나누어야 한다.'

까르페 디엠(carpe diem)

'카르페 디엠'. 깊은 뜻은 모르고 살다가 4년 전에 '이어령의 마지막 수업'을 만나면서 비로소 내 삶의 방법이 되었다. '카르페 디엠(carpe diem)'의 의미는 미래에 대한 걱정이나 과거에 대한 후회보다는 현재 주어진 기회를 놓치지 말고, 즐기는 것이라고 나는 생각한다.

내 인생에서 후회 없이 살기 위해, 현재 내가 할 수 있는 '카르페 디엠'은 무엇일까? 나는 올해, 미래의 불확실성보다는 현재의 열정과 꿈을 따르는 용기를 내서 오랫동안 꿈꿨던 '로마와 지중해 크루즈 여행'으로 '카르페 디엠'했다.

① 이끌림

이번 여행은 평소에 안 하던 짓을 해보고 내 성격과 다른 완벽한 계획보다는 현재의 감정과 이끌림에 따라 행동하는 작은 '카르페 디엠'이었다.

해외 여행할 때마다 부러웠던 것 하나는 계획된 일정에 매이지 않고 현지인처럼 여유롭게 길거리 카페에서 연인과 마주 앉아 맥주나 식사를 하며 망중한을 즐기는 모습이었다. 이번 여행은 실제 그 주인공이 되었다. 로마 나보나광장 길거리 카페에서, 콜로세움이 내려다보이는 레스토랑에서 식사나 커피, 맥주를 마시며, 광장을 메우고 있는 사람들을 여유롭게 구경했다. 몰타, 바르셀로나, 마르세유, 제네바에서 관광할 때도 가던 길을 쉬면서, 길거리 카페문화를 즐기며 영화 한 장면 속에 나를 연출하다 보니 그토록 행복할 수 없었다.

나는 해외여행에서 쇼핑은 거의 하지 않는다. 이번에는 평소에 안 하던 쇼핑도 했다. 로마와 바르셀로나 성당에서 기념품과 성물을 샀고, '천사의 성' 야경을 보러 가서 멋있는 모자를 사고, 로마 공항 면세점에서 작은 선물들을 샀다.

어느 날, 아침 일찍 선상 일출을 보기 위해 20층 선미로 나갔다. 바다에서 지금 막 올라오고 있는 태양은 불을 품어내는 듯, 살아 있는 한 폭의 풍경화였다. 아침형 인간이 아니어서 평생 일출을 보러 새벽에 일어나 명소를 찾은 적이 없던 나에겐 처음 느껴보는 감정이었고, 형언할 수 없는 느낌을 주체못해서 신음 같은 탄성을 내뱉었다.

나는 이번 크루즈 선상 카지노에서 슬롯머신 앞에 앉아 1시간 동안 100유로를 바쳤다. 상쾌한 멜로디와 함께 가끔은 작은 잭팟이 터져 코인이 쏟아질 때, 나이와는 상관없이 짜릿함을 환호로 답했다. 날려버린 스트레스 비용으로 아깝지 않았지만, 찰나의 쾌락이었다.

②소소한 즐거움

　이번 여행은 거창한 것이 아니더라도, 현재 주어진 환경 속에서 소소한 즐거움을 찾아 적극적으로 누리는 일상 속 작은 행복을 만끽하는 '카르페 디엠'이었다.

　우리는 첫 기항지 시칠리아 메시나에서 지중해의 작은 천국이라는 별칭을 가진 타오르미나에 갈 수 있는 행운을 얻었다. 타오르미나 맨 꼭대기에 있는 원형극장은 기원전 3세기 유적으로 15,000명 정도 수용 규모의 건축물이 잘 보존되어 있었다. 나는 김 교수에게 2천 년 전 배우가 되어 무대에서 노래 한 곡을 요청했고, 그는 기꺼이 응했다. 그리스 유적인 원형극장에서 그리스 민요 '기차는 8시에 떠나네(To Treno Fevgi Stis Okto)'를 불러 너무 의미가 있었는지, 멀리 떨어져 있는 관중석에서도 사람들의 앙코르와 박수가 쏟아졌다. 해마다 5~10회 폭발하는 에트나 활화산을 멀리서나마 볼 수 있기를 기대했으나, 잔뜩 흐린 날씨는 허락하지 않았다.

　돌아오는 승합차에서 다시 만난 이탈리안 청년, 처녀 4명과 함께 우리는 시칠리아와 마피아 얘기를 나누면서, 대부의 촬영지에 왔으니 영화 대부의 OST 곡을 불러 달라고 김 교수에게 부탁했다. 그는 바리톤 음색으로 'Speak Softly, Love'를 달콤하게 노래했고, 앙코르가 나오자 나폴리의 민요인 '그녀에게 내 말 전해주오(Dicitencello Vuie)' 한 곡을 더했다. 아연 분위기는 달아올라 4명의 청년, 처녀들도 노래하고 나도 요청을 받아 오랜만에 이탈리아 칸초네 'O Sole Mio'를 나폴리말로 불렀다. 앙코르를 받았으나 운전하는 멋진 이탈리안에게 기회를 줬다.

크루즈 선상 문화 중 특색 있는 한 가지는 매일 아침 신문에 '오늘의 Dress Code'를 올려주는데 어제는 '화이트칼라'였다. 그날은 직원들 옷은 물론 선내의 장식과 승객들 옷도 거의 흰색이었다. 오늘은 '엘레강스'로 자신의 아름다움을 맘껏 표현하는 날, 나는 용기를 내서 제일 좋은 옷으로 바꿔 입고 잔뜩 멋을 부렸다. 양복에 나비넥타이, 자기 나라 전통 복장, 중세풍의 귀족 복장 등으로 다양한 볼거리와 문화를 표현했는데, 내 눈엔 한복 입은 우리나라 젊은 여성들이 압권이었다.

크루즈 선내에는 뉴욕이나 프랑스의 번화가를 옮겨 놓은 듯한 많은 상가나 음식점, 주점, 극장이 있었는데, 나는 매일 1,500명 규모 대극장의 9시 Main Show를 즐겼다. 매일 주제가 다른 프로 연예인들의 무대로 사전 예약을 해야 입장이 가능했다. 환상적인 무대와 화려한 춤과 댄스, 유머러스한 서사들은 나를 다른 세계로 데려가는 시간이었다. 공연 내내 많은 박수와 환호가 끊이지 않았는데, 사회자의 작별 인사가 나오면 너무 아쉬웠다. 크루즈 YC 클럽 전용 바에서 럼을 기반으로 파인애플 주스와 코코넛 밀크를 부순 얼음과 함께 흔들어서 만든 칵테일, 영화나 드라마에서 자주 등장해 '여유로움과 휴가'의 상징으로 인식된 '피냐콜라다'를 주문해 마시며 희희낙락했다. 바르셀로나에서는 헤밍웨이가 즐긴 '모히토'를 마시며 스페인 내전에 참전한 경험과 그 배경을 바탕으로 쓴 '누구를 위하여 종은 울리나'를 얘기했다.

③ 용기

이번 여행은 실패에 대한 두려움이나 불안감 때문에 망설이는 대신, 용기를 내어 현재의 기회를 잡고 두려움을 극복하는 '카르페 디엠'이었다.

어느 날은 김 교수의 지원을 받아 큰 용기를 내서 수영복에 가운만 걸친 채, YC 클럽 전용 풀장과 월풀을 찾았다. 내 애마(전기휠체어)에서 가운을 벗고 앉은뱅이걸음으로 월풀에 들어가니 먼저 와 있던 분들이 박수로 격려해 주었다. 일흔이 넘은 장애인이 평생 처음 해보는 풀장 체험이었고, 수영복은 20년 만에 입은 사건이었다. 불균형한 신체가 몽땅 노출되는 수영복으로 타인 앞에 나설 용기가 없었기 때문이었다.

다음 날은 벌써 여유로운 맘으로 전용 풀장을 찾았다. 어제 만났던 페루에서 온 부부와 아들을 다시 만나 반갑게 인사를 하고 새로운 분들과도 자연스럽게 풀장을 공유하며 맘껏 즐겼다. 전용 사우나를 찾은 날, 수건 하나로 앞을 가린 나체의 몸으로 다른 사람들 앞에 나서기는 평생 처음 해본 '카르페 디엠'. 쑥스러운 맘을 누른 채, 건너편에 앉아 있는 분에게 인사를 건넸다. 내 피부가 건강해 보인다면서 자기는 강화도에 사는데, 크루즈 여행은 처음이라며 장애인 노인의 여행을 축하해 주었다.

어느 날은 칵테일파티가 'Top Sail Lounge'에서 오후 5시에 있다고, 어느 날은 'RAJ POLO Tea House'에서 SOLO 여행자들을 위한 프로그램을 진행한다면서 같은 생각을 가진 여행객과 당신을 연결해 주는 프로그램을 진행한다고 초대했지만, '카르페 디엠' 못 해서 후회가 되었다.

나중에 하겠다고 늘 미루는 결정장애(?)가 있던 나는 '카르페 디엠'을 알면서부터 아직 굼뜨기는 하지만, 지금과 현재를 즐기는 삶으로 바뀌고 있다. 지금 내가 사는 이 순간은 나중에 내 인생의 가장 좋은 추억이라고 생각한다.

니체가 처음 사용했다는 '아모르 파티'(Amor fati). 나는 장애인이기에 행복하다.

이선덕

리모델링
슬픔은 수용성이다
산 벚나무 꽃 필 때쯤
슬픈 초대

한려대학교 산업디자인학과 졸업
전남대학교 대학원 수료(조형미술과)
〈꽃과 여인〉 외 개인전 및 초대작가전 다수
〈순천미술대전〉 공예부문 특선
〈대한민국서예대전〉〈남농미술대전〉 등 서양화 특선 다수
〈한국문인협회〉 주최 백일장 입상 등 수상 다수
《스토리 문학》으로 등단(시 부문)
문예창작지도사, 시 낭송가, 터치미술학원 운영

저서
「꿈을 찢는 소녀」(시집)

리모델링

이파리가 꽃보다 아름다운 계절이다.
가지마다 새 부리 같은 꽃망울 위로 녹색 햇살이 희망을 덧칠하는 아침이다.
따뜻한 커피 한잔을 들고 햇살이 퍼지는 창가에 앉아 잠시 아무 생각 없이 앉아 있었다. 그때 건물 밖에서 우당탕, 탕, 우지직 물건 부서지는 소리가 들린다. 놀란 마음을 누르고 밖으로 나갔더니 윗집에서 나는 소리다.

지어진 지 오래된 아파트라 새로 이사를 오는 사람은 대부분은 집수리하고 온다. 특이하게 봄이 되면 이사를 가고 오는 사람이 많아 벽을 부수는 망치질 소리가 요란하다.
쓰레기장에 가면 아직 쓸 만한 집기부터 가전제품이 많다. 집수리하면서 오래되거나 낡은 물건은 버린다. 리모델링한 집에 맞추기 위해서다.

이선덕

무슨 물건이든 새로 샀을 때의 설렘도 시간이 지나면 손때에 퇴색한다. 멋진 최첨단의 제품들에 밀려 낡아서 제 기능을 잃어가는 헌 물건은 쓰레기장이나 마당 구석으로 쫓겨난다. 세월이 지나면 퇴색하고 낡아 제 기능을 잃고 마는 우리 인생의 섭리와 같다. 마치 고려장 같다는 생각이 든다.

건강에 자신 있다고 믿고 살던 나에게도 적신호가 나타나기 시작했다. 고혈압약을 복용한 지 30년이 넘었다. 그런 나에게 갑자기 몸 이곳저곳이 고장이 나기 시작해 병원 찾는 일이 늘어났다.

바람이 차가운 아침, 몸살감기인지 온몸이 쑤시고 결려 아픈 어깨에 침이나 한 방 맞고 물리치료나 받을까 하고 한의원을 찾아갔다. 내 맥을 짚어보던 한의사 선생님은 부정맥이 있으니 병원에 가서 진단받아 보라 하신다. 기분이 별로 좋지 않았지만, 다음날 이른 아침부터 서둘러 여천 제일 병원을 찾아갔다.

그날따라 환자가 많아 3시간을 기다려야 했다. 병원 대기실에 앉아 하릴없이 주변을 살펴보았다. 그곳에서 윤두현 선생님을 만났다. 선생님도 나처럼 진찰받으러 오셨다 했다. 세상에 아픈 사람이 많다고 생각하면서 주변을 돌아보다가 또 한 번 놀랐다. 며칠 전 아파트에서 만났던 옆집 아주머니가 휠체어에 앉아 나처럼 차례를 기다리는 중이었다. 멍한 눈빛으로 나를 올려다보는 하얀 머리의 그녀 모습은 나를 초조하게 했다. 그녀에게 내 모습이 겹쳐 보여 화들짝 놀랐다. 더 이상 젊지 않은 내 미래의 모습일 수도 있다. 짧은 순간 눈앞이 캄캄해지면서 나를 되돌아봤다.

시간의 길 위에 서 있는 나는 어디쯤 와 있을까. 내 의지대로 움직일 수 있을 시간은 얼마나 남았을까. 삶의 흔적을 정리할 수 있을 때 마음도 비워야 할 것 같다. 채우는 것보다 비우는 것이 더 어렵다. 내 몸이 건강하다고 생각했는데 몸과 마음은 같지 않다. 갑자기 나에게 불행한 일이 생긴다면 나는 어떻게 될까?

손때 묻은 집기는 내다 버리면 그만이지만 마음 밭에 쌓여 있는 것들은 어떻게 해야 할까. 나의 세월만큼 두꺼워진 아집과 욕심을 어떻게 정리해야 하는지 모르겠다. 사랑과 감사 대신 내 몸에 잠자고 있는 이기심, 자존심, 미움으로 얼룩진 매듭을 하나씩 풀어야 한다고 생각하지만, 아직 풀지 못한 매듭으로 가득하다. 하나씩 차근차근 풀어내고 비우는 인내와 용기가 필요하다.

　사랑보다 용서가 더 어렵다. 용서는 사랑으로 가득 찼을 때 이루어지는 것 같다. 나는 지금 비우는 중이다. 이제는 내게 남겨진 시간을 사랑과 감사로 채워 보려 한다.

집수리로 버려진 물건은 쌓이면 쓰레기 수거 차량이 순간 치울 수 있고, 재활용 물건은 고쳐 쓰기도 하지만 사람은 재활용이 없다.
　이젠 마음에 엉켜 있는 쓰레기도 사랑이란 이름으로 깨끗하게 치우고 싶다.
　내 마음을 단순하게 리모델링한다면 좀 더 세련되고 차분한 노후를 맞이하지 않을까 생각해 본다.

슬픔은 수용성이다

비 오는 날 버스를 타 봅니다.

차창 밖으로 흘러내리는 빗물도 좋지만 흐린 창문으로 스쳐 지나가는 풍경은 잘 그린 한 폭의 수채화입니다. 노란 우산 하나가 신호등을 기다리며 서 있는 모습이라든지, 그저 모든 세상사를 잊은 듯 우산도 없이 뚜벅뚜벅 고개를 숙이고 걷는 젊은이의 뒷모습이라든지, 갑자기 물보라 일으키며 쏜살같이 지나는 택시 기사의 얄미운 웃음도 재미는 있습니다. 하지만 쓸쓸한 거리에서 홀로 젖고 있는 '탄핵' 현수막을 만나면 괜스레 쏠쏠합니다. 웬일인지 정치적인 광고판이 보이면 가슴 한쪽이 저리며 무너져 내립니다.

어쩌다 흐린 유리창에 잊었던 옛 친구 얼굴이 떠오르면 혹시 만날 수 있을까 하는 쓸데없는 기대감으로 부풀어 오릅니다. 그런 풍경 속에서 보면 볼수록 젖어 드는 것은 아지랑이 같은 그리움이나 외로움입니다. 가슴 어딘가 허전하게 다가오는 막연한 슬픔 같은 것이겠지만, 이런 것이 비 오는 날 아무 생각 없이 타는 버스에서만 느낄 수 있는 오묘한 감성인가 봅니다.

슬픔은 의외로 수용성이어서 물에 잘 녹는답니다. 수영장에서, 목욕탕에서 물에 잠겨 허우적거리면 쌓였던 슬픔도 물감 묻은 붓이 물에 풀려 씻겨 내리듯이요.

오후에 집에 돌아갈 때는 걸어볼까 합니다.

우산을 펼쳐 듭니다. "타다닥 탁탁". 우산 속에서 듣는 작은 타악기 소리가 이렇게 정다울 수가 없습니다.

어느 쪽으로 갈까요?

맞은 편 성업 중인 이마트 앞을 지나 부영 삼 단지 앞은 호화 광고판 속에 미인의 예쁜 미소가 비에 젖고 있지만 저 길은 아닌 듯합니다. 큰길을 돌아 노인 복지원을 지나 튀김집 앞을 지나니 고소한 튀김 냄새가 코를 즐겁게 합니다. 창 너머로 푸짐한 음식 앞에서 흐뭇해하는 얼굴들을 훔쳐보다가 고개를 돌렸습니다.

문수동 성당 앞을 지나 해양 경찰서 앞에서 신호대기 중인 차 속에서 누군가가 나를 보고 손을 흔듭니다.

이제 다 와 갑니다. 걸어서 10분. 주민 센터 네거리 오른편으로 공영 주차장이 보입니다. 쓸쓸히 젖고 있는 자동차 위로 서서히 번지는 어둠, 뚱이네 집에서 불빛이 새어 나옵니다. 건너편 무한 장어구이 집 앞에 내놓은 빨간 의자들이 속절없이 비에 젖고 있습니다. 누가 앉았다 가셨나, 분명 있었을 그 정다운 대화의 흔적이 아쉽게 씻겨 내리고 있습니다.

빗속에서 하얀 연기를 뿜어내며 불이 붙고 있는 '숯을 사랑하는 남자' 집 참숯 화덕에서 기름 타는 냄새에 갑자기 시장기가 느껴져 걸음을 빨리합니다.

　노란 버스에서 내린 한 무리의 아이들이 우르르 미술학원으로 들어갑니다. 마침 도착한 버스에서 젊은 남자가 검은 우산을 펴서 내립니다.

　키 큰 가로수 가지에 매달린 축축한 허무가 등을 켭니다. 무슨 특별한 시간도 존재도 의식하지 못해 그렇고 그런 일상이 돼버린 오늘 하루가 또 지나가고 있습니다.

　차츰 밝아오는 등불에 젖은 마음을 말리며 나를 기다리는 집으로 돌아가야겠습니다.

산 벚나무 꽃 필 때쯤

오늘은 스물일곱 번째 영취산 진달래 축제를 시작하는 날이다. 봄이 왔다고 산천이 야단법석인데, 아침 공기는 싸늘하게 가라앉아있다. 친구와 함께 가벼운 옷차림으로 남쪽 시장에서 떡, 김밥, 딸기를 사서 배낭에 가득 담고 영취산을 오르기로 했다.

영취산으로 가는 길은 여러 곳이다. 자동차가 다닐 수 있도록 포장 공사가 잘되어 있는 길, 흥국사 돌담길을 감고 올라가는 좁은 산길, 호명동 쪽에서 올라가는 산길이 있다. 우리는 비교적 사람들의 왕래가 적은 호명 쪽에서 오르기로 했다. 차를 산길 옆에 세우고, 준비해 온 커피를 한 잔 마시는데 꿀맛이다. 즐거운 마음으로 봉우재 입구로 들어섰다. 좁은 산길을 들어서자 산 벚꽃이 곱게 피어 우리를 반겼다. 기분이 좋으니 산을 오르는 발걸음마저 가볍다.

이선덕

길옆에는 이름 모를 야생화가 무리 지어 곱게 피어 있었다. 나는 꽃 이름을 알 수가 없어 휴대전화에 담았다. 봄의 향기가 묻어나는 풀잎에서 낭만을 느끼고 신선한 공기가 주는 청량감에 상쾌했다. 초등학교 시절, 봄 소풍 가던 때와 옛친구가 생각나 잠시 추억의 장을 펼쳐 보기도 했다. 정상을 향하여 걸어가는데 잘 정돈된 편백 숲이 보였다. 편백의 향과 숲이 주는 자연의 색은 감탄을 자아냈다. 자연의 오묘함에 몸과 마음을 힐링시켜 본다.

축제의 첫날이어서 사람들의 왕래가 거의 없어 걸어가는 길이 너무 조용하다. 산에 올라가는 도중, 무료함과 힘들어하는 일행이 힘내라며 판소리 중 춘향이 이도령 그리워하는 대목을 목청껏 불렀다. 서투른 판소리이지만 소리 지르며 올라가다 보니 어느덧 봉우재에 도착했다. 그곳에는 축제 분위기에 맞는 노래와 악기 소리가 흥겨웠다. 진달래꽃이 만발한 영취산 정상을 보며 걸음을 빨리했다.

"음료수 사세요"

산 정상으로 올라가는 길에 젊은 여인이 아이스크림과 음료를 팔고 있었다.

'여기까지 저 무거운 것들을 어떻게 가져왔을까?'

아이스크림을 사면서도 안타까운 마음이 들어 자꾸만 뒤돌아봤다. 나무 그늘에 자리를 잡아 잠시 쉬면서 배낭을 풀어 허기진 배를 채웠다. 흐드러지게 피어 있는 진달래꽃을 배경으로 사진도 찍고, 별 이야기가 아닌 것도 즐거운 마음으로 하니 행복이 따로 없다. 정상을 향해 노래 부르면서 오르니 전혀 힘들지 않았다. 진달래 축제에 오기를 참 잘했다는 생각이 들었다. 산을 오른 성취감, 경치를 구경한 즐거움 그리고 아직은 건강하다는 자신감에 뿌듯함마저 느꼈다.

하산하는 길에 상춘객을 보니 다들 얼굴에 기쁨이 넘쳐 건강하게 보였다. 정돈된 산책로와 노송나무 숲을 보면서 언젠가는 여수도 다른 지역처럼 편백 숲이 조성될 것 같다는 희망이 보인다. 자연이란 무한한 잠재력과 오묘함을 두루 갖추고 있는, 신이 주는 선물이다. 숲이 좋아 발걸음이 쉽게 떨어지지 않았다. 아직 해가 서산에 걸려 있는데 거리는 노을빛처럼 축제에 물들어 있다. 돌아오는 길에서 함께 걷는 할아버지와 할머니를 보았다. 할아버지가 할머니 손을 잡고 건널목을 건넌 후 잘 가라는 인사를 한다. 두 분은 헤어지면서 서로에게 길 조심하라는 당부를 한다. 할머니가 저 멀리 보이지 않을 때까지 못내 아쉬워 손을 흔들어 주는 할아버지, 이것이 애틋한 노년의 사랑인지 황혼의 아쉬움인지 모르지만 내 마음을 찡하게 한다.

슬픈 초대

　봄비가 내리는 아침 전화벨이 울린다.
　믿고 싶지 않은, 내 친구 남편의 부고를 알리는 전화다. 작년 겨울부터 친구가 모임에 와서 했던 말이 생각나 가슴이 저렸다. 소화가 잘되지 않고 배변 활동에도 불편함이 느껴진다며 동네 병원을 찾았다. 원장은 큰 병원으로 가서 정밀 진단을 받아 보라고 했다. 큰 병원에서는 위암이 모든 장기로 전이되어 도저히 손을 써 볼 수 없는 지경이라고 했다. 그런 결과를 듣고 친구가 걱정하던 말이 뇌리를 두드렸다.
　친구는 여고 시절 3년간 같은 반이었다. 학창 시절엔 그다지 친하게 지내지 않았다. 서로가 각자의 생활을 하다 결혼하고 같은 지역에 산다는 소식을 전해 들었을 뿐이다. 그 후 반세기가 지나고 보니 친자매만큼이나 정겹고 가까운 사이가 되었다.
　친구는 결혼 전부터 하던 작은 소매업을 결혼한 후에도 계속하고 있는 속 깊은 친구다. 친구의 남편은 부유한 집에서 태어나 어려움도 모르고 자라서 경제 관념이 부족했다. 돈을 버는 것보다 쓰는데 더 신경을 썼다고 했다. 다행히 친구의 성실함과 알뜰함 덕분에 힘들기는 했지만 두 아이를 키우며 지금까지 아무 탈 없이 지낼 수 있었다고 한다.

친구의 남편과는 가끔 얼굴을 보며 지냈다. 성품은 온순하고 말수가 많으며 인정도 많았다. 주변 사람 누구와도 금방 친해지고 마음을 나누는 성격이다 보니 우리 친구들과도 부담 없이 만날 수 있었다. 친구와는 나이 차이가 좀 있는 편이어서 우리는 친구의 남편을 '오라버니'로 호칭하며 스스럼없이 대했다.

친구가 전한 암 진단 소식과 친구 남편의 병원 생활을 보는 나는 마음이 늘 조마조마했다. 올해 초 병원 진료 중 의사 선생님이 하신 말씀이 아마도 올해를 못 넘길 수도 있다고 했기 때문이었다. 지난겨울 친구는 병간호의 어려움을 이야기하며 힘들어했다. 나는 친구의 이야기를 들으면서 과거의 나를 보는 것 같아 마음이 짠했다. 환자를 돌보는 것이 얼마나 힘들고 괴로운 일인 것을 몸으로 마음으로 겪어 본 나이기에 친구의 푸념이 이해되고 안쓰러웠다. 내 남편도 병으로 고생하다 투병 생활 15년 만에 하늘나라로 떠났다. 그때의 심정은 말할 수 없이 참담했지만 시간이 지나고 보니 그 괴로움마저도 행복이라는 것을 알게 되었다.

친구는 집안의 가장으로, 아이의 엄마로, 환자의 보호자로 일인 삼역을 했다. 그런 자신이 너무 힘겨워 아무도 없는 곳으로 도망치고 싶은 심장이라고 했다. 친구의 남편은 병세가 악화하면서 생각하고 행동하는 것이 유치원 아이 수준이 된 것 같다고 했다. 24시간 옆에 있어 주기를 바라며 일거수일투족을 친구에게 의지한단다. 남편이 환자라는 걸 백번 이해하면서도 몸에 무리가 오고, 마음도 약해지고 꽉 잡은 마음이 무너지기를 여러 번이라며 친구는 어려움을 토로했다. 나는 위로가 될 만한 말을 몇 마디 건넸지만 과연 친구에게 얼마나 힘이 될지 막막하기만 했다. 얼마 후 병원에 입원한 친구의 남편은 배에 복수가 차기 시작하고 항암제도 반응이 없다며 힘들어했다.

그 후 얼마간 친구에게서는 소식이 뜸했다. 그렇다고 친구에게 먼저 연락하는 건 망설여졌다. 행여 더 안 좋다는 소식을 듣기라도 하면 어쩌나 하는 불안감이었다.

궁금함으로 며칠이 더 지났다. 그러다가 친구에게서 소식이 왔다. 불길한 예감은 틀리지 않는다더니 아무래도 남편이 하루 이틀밖에 못 견딜 것 같다며 아들 내외와 남편의 형제, 남매분들이 다녀갔다고 했다.

그날 저녁을 힘겹게 보내다 새벽 동이 틀 무렵 먼 친구 남편은 돌아오지 못할 여행을 떠났다. 천진난만한 모습으로 늘 밝게 웃어주던 오라버니의 모습이 지금도 선명하게 남아 가슴을 아려온다. 새싹이 돋아 나무들은 푸르고 벚꽃이 피어 아름다운 날에 멀리 여행을 떠난 분, 이제는 친구의 시린 마음에 포근한 햇살이 내리길 빌어본다.

이희순

새끼를 꼬아보자
굴종의 시대
기억 디귿시옷
웃줄로 태어나

〈한국수필〉 신인상(2007년 3월)

한국문인협회, 한국수필가협회, 여수수필, 동부수필 회원

한국수필작가회 이사

여수시 성인문해교육 강사(2019~2020년)

전라남도 생활공감정책참여단(2019~2023)

제559돌 한글날 기념 〈토박이말로 된 글쓰기 대회〉 대학 일반부 최우수상

저서

「방언사전 여수 편」

「수필도 아닌 것이」(수필집)

「귀신은 무얼 먹고 사나」(수필집)

새끼를 꼬아보자

　동지섣달 긴긴밤에 가마니틀 날줄 새끼 100발을 꼬아본 사람은 안다.
　매끈한 새끼를 꼬려면, 해안에 넌출진 짚뭇을 풀어 볏짚 모가지를 한 줌씩 움켜쥐고 손 갈퀴로 밑동의 검불을 남김없이 훑어낸다. 그렇게 추린 짚은 물을 뿌려 축축하게 해둬야 한다.

　짚을 훑어 검불을 제거하고 물을 뿌려 눅눅하게 만들어 새끼를 꼬는 과정은 글쓰기에 긴요하다. 넌출진 짚단은 작품의 소재이다. 뻣뻣하고 초장이 짧은 볏짚은 새끼 꼬기에 마땅치 않다. 손 갈퀴질은 좋은 소재를 고르는 작업이다. 밑동에 붙어있는 검불을 훑어내어 군더더기 소재를 제거하는 것이다. 추린 짚에 물을 뿌려 축축하게 해두는 건, 선택한 소재들이 작품 속에 유기적으로 결합할 수 있는지 점검하는 일이다. 거친 짚단이 매끈한 새끼줄로 태어날 준비가 끝났다.

이희순

언어의 세계는 눈에 보이는 세계와 보이지 않는 세계로 나눌 수 있다.

작가는 먼저 눈에 보이는 사물을 표현하는 법을 생각한다. "장미가 참 아름답다."라는 표현은 작가의 태도가 아니다. '아름답다'라는 낱말은 관념에 불과하다. 작가는 장미꽃의 아름다움을 비유나 상징을 통해 자신만의 그림을 그려내야 한다. 장미꽃에 자신의 마음을 그려 넣는 것이다. "나는 외로웠다"라는 표현도 비유법을 베풀어 구체적으로 이야기해야 한다. 문학적으로 표현해야 한다는 말이다. '사랑, 꿈, 절망, 미움, 기쁨, 행복, 만족, 보람' 따위의 보이지 않는 세계 즉 관념을 시각화하는 기법이 형상화다. 보이는 세계를 문학적으로 재창조하는 작업도 형상화이다. 문학 작가는 사진 찍기에 머물지 말고 화가가 되어 독특한 그림을 그려야 한다. 구체화, 형상화를 도외시한 채 작품을 쓴다는 건 문학의 포기 행위이다. 지푸라기의 변신인 새끼를 꼬라니까 지푸라기를 서로 잡매서 새끼줄이라고 우겨서는 안 된다.

볏짚이 뻣뻣하고 메마르면 새끼를 제대로 꼴 수 없다. 지나치게 눅어서 흐느적거려도 곤란하다. 이제부터 새끼를 꼬아보자. 가마니틀에 날줄로 쓸 새끼는 될 수 있는 대로 가늘고 매끈하고 질겨야 한다. 볏짚은 양손에 각각 두 대쯤이 적당하다. 짚을 쥔 양 손바닥에 가볍게 힘을 주면서 빠르게 비벼 올리며 새끼를 꼰다. 볏짚 길이의 절반 지점에서 멈추고 새 볏짚 두 대씩을, 꼬던 새끼줄 양날에 꽂아 계속 꼬아나간다. 잇대는 볏짚 밑동이 새끼줄 밖으로 삐져나오지 않도록 한다. 새끼가 끊임없이 한 줄로 이어져가듯 문장과 문장이 긴밀한 유대관계를 형성해야 한다. 힘주어 꼬면 새끼줄이 퉁퉁해져서 가마니틀의 날줄로 삼기 어렵다. 설렁설렁 꼬면 날렵하지만 질기지 못해 가마니 짤 때 묵직한 바디질을 견딜 수 없다.

작가는 무엇보다 비문(非文)을 경계해야 한다.
대표적인 비문은 주어와 술어가 호응하지 못하는 문장인데, 주어가 생략되어 아리송한 문장, 중간에 주어가 바뀌어버린 문장, 높임법 호응 부족, 시제 호응 부족 문장 등 다양하다. 아래 몇몇 비문을 보면 웃음이 나오겠지만, 작품에 몰두하다 보면 자신도 모르는 사이에 이런 비문이 생산된다.

나는 친구한테서 멋진 하모니카 선물이 도착했다.
우리는 이사할 집에 도배와 새 냉장고를 들였다.
제가 가보시니까 아버님께서 누워계시더군요.
예나 지금이나 역사는 도도한 흐름을 멈추지 않았다.
나도 어린 시절엔 도깨비를 무서워했었다.

문장은 되도록 단문으로 하고 수식어를 피한다. 문장과 문장을 이어주는 '그러나, 그리고, 그리하여, 그런데, 그러고는, 한데, 하나, 하지만' 따위의 접속부사를 남발하지 않도록 한다. 대명사 '이, 저, 그, 무엇, 아무것, 여기, 저기, 거기, 어디, 그것, 이것, 저것, 거시기'

이희순   125

등을 무분별하게 쓰지 않는다.

"그가 성냄은 무슨 연고인가?"
"우리의 달려감에는 멈춤이 없다."
위의 보기와 같은 동사의 명사화도 멀리한다.

'이사를 했다, 도둑을 맞았다, 청소를 했다. 야단을 쳤다'와 같이 명사의 동사형 중간에 불필요한 '을(를)'을 넣지 말고 '이사했다, 도둑맞았다, 청소했다, 야단쳤다'로 쓴다.
동사의 기본형을 무시한 엉터리 활용을 하지 말아야 한다.
'줄일려고, 먹을려고, 할려고, 줄려고, 내릴려고'는 '줄이려고, 먹으려고, 하려고, 주려고, 내리려고'로 써야 옳다.

의존명사 '것, 들' 조사 '의, 로부터'는 가급적 쓰지 말자.
어느 작품 속에 '것'이 몇 개 쓰였는지로 그 작품의 격을 매기는 이도 있다. '한 잔의 커피'가 멋있어 보일지 모르나 '커피 한 잔'이 우리말답다. '한 사람의 국민'보다 '국민 한 사람'이 단출하다. '친구로부터의 편지'보다는 '친구한테서 온 편지', '친구가 보낸 편지'가 낫겠다.

명사와 동사가 관형어와 부사의 수식을 받는 순간 그 명사와 동사는 영어(囹圄)의 신세가 되고 만다. '예쁜 꽃, 푸른 바다, 강한 바람'이며, '너무 느리고, 매우 춥고, 겨우 달래고, 빨리 달린다'

이다. '예쁜, 푸른, 강한, 너무, 매우, 겨우, 빨리'가 차꼬다. 수식어의 포로가 된 명사와 동사와 형용사를 구출해야 한다. 산문과 시를 불문하고 명사와 동사는 태생적으로 속박을 미워한다. 나는 이를 '선택의 딜레마'로 규정한다. 남녀관계는 일부일처제가 정답이지만, 언어의 세계는 '무한한 가능성'이 소용된다. '푸른 하늘'은 영영 '푸른 하늘'의 운명을 벗어날 수 없다.

 명쾌하고 간결한 문장은 '명사+동사'의 구조이다. 글을 쓰는 사람은 이 기본형을 사랑해야 한다. 작가는 단어의 '사전 풀이'를 뛰어넘어 모든 단어에 자유를 부여한다. 하늘에 떠 있는 뭉게구름 한 점을 '구름 한 아름'이나 '구름 동산' 또는 '구름 한 송이', '구름 마차'로도 표현해 본다. 언어의 전이이다. '시 같은 산문, 산문 같은 시'는 요즘 문학인들이 추구해야 할 이상이다. 작가는 시와 산문을 두루 섭렵해야 한다.

 고팽이로 사린 새끼줄은 일일이 점검하여 불거져 나온 군더더기는 하나하나 깨끗이 잘라낸다.
 마무리 교정이다. 이를 다시 사려놓으면 아담하고 매끈한 게 보기에도 좋다. 작품이 완성된 것이다. 수필 창작은 허상을 좇는다는 의미가 아니다. 볏짚을 새끼줄로 변화시키듯 관념의 형상화를 통해 문학으로 승화하는 일이다.

굴종의 시대

세상은 인공지능의 천하로 숨 가쁘게 달려가고 있다.
 나는 난마처럼 얽힌 디지털의 명령을 기억하지 못해 전전긍긍하다 비망록을 마련했다. 나의 비망록 첫 장에는 거래 은행의 계좌번호와 비밀번호가 큼지막하게 적혀있다.

 코레일 멤버십 번호와 비번이 눈치를 살피며 자리를 비켜주지 않자, 지방자치단체 보조금 전용 프로그램이 볼멘소리로 걸핏하면 접속하면서 아직도 아이디와 비번을 외우지 못했냐 한다. 장을 넘기니 동아리 통장 아이디와 비번이 그 아래 고유번호를 내려다보며 저를 첫머리에 모시지 않았다며 서운한 표정을 감추지 않는다. 벌써 머리가 지끈거리기 시작한다. 텔레그램의 아이디와 비번, OO 사이트의 아이디와 비번, 다달이 입금해야 하는 몇몇 계좌번호가 사랑방에 퍼지르고 앉아 밥때를 기다린다. 다시 페이지를 넘기니, 농협카드 홈피의 아이디와 비번이 영문 소설을 쓰고 있다.

그 밑에서 체크카드 번호가 게슴츠레한 눈으로 하품을 해댄다.

유효기간 1년의 공동인증서의 장황한 비번이 별로 친해 보이지도 않은 통관번호와 노래를 부르고 있는데 네이버와 다음의 아이디와 비번이 나란히 걸어가고 있다. 그들과 어울리지 않을 것 같은 한국문화예술위원회(아르코)의 개인과 단체 아이디와 비번이 빨간 옷을 걸치고 나를 유혹한다. 다시 장을 넘긴다. 홈텍스 로그인에 필요한 아이디와 비번도 질세라 빨간 옷을 자랑한다. 아래층의 사업자등록번호는 부가세 신고 때 필요하다. 검색엔진 구글의 계정도 필수사항이다. 대법원 경매사이트와 온비드 접속에 필요한 아이디와 비번은 먼지를 뒤집어쓴 채 묵묵히 자리를 지키고 있다. 한국에너지공단은 아예 바탕화면에 살림을 차렸다.

예술인복지재단과 아르코 문학광장 접속용 아이디와 비번이 불러주기를 고대하고 있다. 연금 복지포털도 간혹 들여다봐야 한다. 1년에 한두 번 소용되는 농업경영체 등록번호가 생경하다. 예술인경력 정보시스템, 예술인패스 아이디와 비번도 구석에 박혀있다. 정부24, 00페이, 각종 카페와 블로그에 접속하려 해도 반드시 암호를 대야 한다. 고속버스와 여수공항은 파리를 날리고 있는데 국가문화예술지원시스템은 날마다 불려 다니느라 진이 빠졌나 보다. 온라인 상품 구매에도 비번이 필요하다. 몇몇 원예종묘사가 화려한 카탈로그를 넘기며 숫보기의 지갑을 넘본다. 국민건강보험공단, 국민신문고, 라인, 밴드, 인터넷뱅킹, 자동차보험, 페이스북…. 어지러운 세상이다. 디지털 세상은 내게 무조건의 복종을 강요한다.

  가만히 자리에 누워 나의 기억력을 시험해 본다.
  그래도 선뜻 두 가지는 생각 난다. 아내의 핸드폰 번호와 현관문 도어락의 번호이다. 도어락의 번호를 잊어버리는 순간 나는 초대받지 않은 이방인으로 전락할 것이다. 인간이 개발한 인공지능 슈퍼컴퓨터 '스카이넷'이 지구와 인류를 대상으로 핵전쟁을 일으키는 "터미네이터"의 공포가 현실로 다가올 것만 같은 밤이지만 나는 '전자인간'과의 영원한 밀월을 꿈꾸며 자리에 눕는다.

기역 디귿 시옷

　인공지능(Artificial Intelligence)시대의 한글은 새삼 세계인의 눈길을 사로잡고 있다. 한글은 디지털 세상과 AI에 최적화된 문자 체계이기 때문이다.

　훈민정음의 제자원리를 설명한 책이 바로 『훈민정음해례본』이다. 이 책은 1940년, 안동에서 발견되었는데 간송 전형필 선생이 당시 기와집 10채 값인 1만 원에 구매하여 고이 모셨는데,
　6·25 피난 중에도 품에 간직했다고 한다. 1956년에는 영인본이 제작되어 일반에 공개되었다. 간송 미술관이 보관하고 있는 이 해례본이 발견되지 않았더라면 오늘날까지 훈민정음의 제자원리조차도 알 수 없었을 것이다. 1962년 국보 제70호로 지정되었고 1979년에는 유네스코 세계 기록유산으로 등재되었다. 한때 물의를 일으켰던 상주본은 그 행방이 묘연하다고 한다.

이희순

『훈민정음해례본』의 앞부분은 세종대왕께서 쓰신 서문과 예의(例義), 뒷부분에는 집현전 학사 정인지, 최항, 박팽년, 신숙주, 성삼문, 이개, 이선로, 강희안 등 8명이 기술한 '정음해례편'과 정인지의 서문으로 구성되어 있다. 훈민정음은 1446년 음9월 10일에 반포되었는데 이를 양력으로 환산한 10월 9일을 한글날로 기념하고 있다. 우리와 달리 북한은 훈민정음 창제일인 1월 15일을 기념하고 있다.

ㄱ은 어금닛소리이니 군(君) 자의 첫소리와 같다.
ㄱ은 나란히 쓰면 뀨(虯) 자의 첫소리와 같다.
ㅋ은 어금닛소리이니 쾌(快) 자의 첫소리와 같다.
ㆁ(옛이응)은 어금닛소리이니 업(業) 자의 첫소리와 같다.
ㄷ은 혓소리이니 두(斗) 자의 첫소리와 같다.
ㄷ을 나란히 쓰면 땀(覃) 자의 첫소리와 같다.
ㅌ은 혓소리이니 탄(呑) 자의 첫소리와 같다.
ㄴ은 혓소리이니 나(那) 자의 첫소리와 같다.
(중략)

ㄱ은 나무가 바탕을 이룬 것이고
ㅋ은 나무가 성장한 것이며
ㄲ은 나무가 늙어 굳건해진 것이다.

첫소리는 일어나 움직임의 뜻이 있으니 하늘의 일이고, 끝소리는 그치고 머무름의 뜻이 있으니 땅이 하는 일이다. 가운뎃소리는 첫소리를 생기게 하고 이어서, 끝소리를 이루어지게 하여 서로 붙게 하니,

　사람이 하는 일이다. 이는 또한 하늘과 땅이 만물을 생성하지만, 그것이 쓸모 있도록 돕는 것은 반드시 사람에게 힘입음과 같다. 운율을 이루는 핵심은 가운뎃소리의 작용에 있다.

　자헌대부 예조판서 집현전 대제학 지춘추관사 세자우빈객 정인지는 서문에서, "말과 글(한자)이 다른 것을 비유하여, 모난 자루를 둥근 구멍에 끼우는 것과 같다" 하고, 스물여덟 글자를 가지고도 전환이 무궁하고 간단하면서도 요점을 잘 드러내며 정밀한 뜻을 담으면서도 널리 통한다. 따라서 지혜로운 자는 아침 한나절이면 배우고 우매한 자도 열흘이면 배울 수 있다고 하면서, 바른 소리의 창제는 옛 조상의 것을 이은 것이 아니라, 자연의 이치에 따른 것이다, 참으로 그 지극한 이치가 닿지 않은 곳이 없으니 이는 사람이 사사로이 이룬 것이 아니라고 했다.

　훈민정음의 유일한 흠이라면 창제, 반포 당시 자모의 이름을 정하지 않았다는 점이다. 앞에서 예를 든 것처럼, 어떤 한자의 첫소리 또는 끝소리와 같다고만 설명해 놓은 것이다.
　이를 해결한 분이 바로 중종 때의 학자 최세진 선생이다. 선생은 자음이 첫소리로 쓰일 때는 ㄱㄴㄷㄹㅁㅂㅅㅇ을 '기니디리미비시이'이며, 이에 대응하는 끝소리(종성)를 '역은귿을음읍옷웅'으로

하고 이를 합하여 '기역, 니은 디귿, 리을, 미음, 비읍, 시옷, 이응'이라 이름지은 것이다. 이렇게 8자만 이름이 지어진 까닭이 있다. 오늘날 한글 종성에 쓰이는 자음은 27자이지만, 당시에는 초성과 종성에 공통적으로 쓰인 자음이 그 여덟 자였기 때문이다. 최세진 선생은 『훈몽자회』에서 이를 '초성종성통용팔자'라고 칭했다. 물론 이는 훈민정음해례를 준용한 것이다.

이어서 선생은 초성에만 쓰이는 8자로, ㆁ(옛이응), ㅈ, ㅊ, ㅋ, ㅌ, ㅍ, ㅎ을 열거하고 역시 한자어로 명명했다. 모든 한글 자모의 이름은 한자어이다. 중성에만 쓰는 ㅏㅑㅓㅕㅗㅛㅜㅠㅡㅣ·11자도 한자로 이름을 지었으니 阿也於余吾要牛由應伊思이다.

선생이 정음의 자모를 한자로 표기하기 위해 얼마나 고심했던지 ㅡ는 '응(應)'자에서 종성(받침)을 쓰지 않은 것이고, ·(아래아)는 '사(思)'라는 한자에서 초성인 ㅅ을 쓰지 않은 글자라는 궁여지책을 동원했다. 한자로는 도저히 종성을 표기할 수 없는 '디귿, 시옷'의 '귿'과 '옷'은 한자어 말(末)과 의(衣)의 훈(새김) '귿'과 '옷'을 썼다. 참고로, 당시에는 '끝'을 '귿'이라 했다. 바람 소리, 물소리, 새소리 등 세상의 온갖 소리를 다 적을 수 있는 훈민정음에 고작 300가지 정도의 소리밖에 표기할 수 없는 한자어로 어떻게 해보려고 한 자체가 무리이다. '기역'도 실은 '기윽'이라고 적어야 옳지만 한자를 아무리 찾아봐도 '윽'과 비슷한 글자조차 찾아낼 수 없어 하는 수 없이 '역'을 쓴 것이다.

최세진 선생이 훈몽자회를 펴낸 1527년은 훈민정음이 반포된 지 80여 년 후였다는 점을 생각하면 못내 아쉽기만 하다. 선생께서 훈민정음의 모든 자모를 한자로 표기하려고 시도한 것은 한자는 국자(國字)이고 훈민정음은 들온말 정도로 여긴 데서 비롯되지 않았을까 하고 추측해 본다. 그것이 당시 사대부들의 공통적인 견해였던 듯하다. '지읒 치읓 키읔 티읕 피읖 히읗'이라는 완성된 이름은 1933년 조선어학회가 명명한 것이라고 한다. 여담이지만, 나는 자음의 첫소리도 순우리말 '그느드르므브스으즈츠크트프흐'로 적어야 한다고 생각한다.

후인들은, 훈민정음이 사대부들로부터 철저히 외면당해 왔다고 주장하지만, 이는 사리에 맞지 않은 주장이라고 생각한다. 조선시대에는 사대부들만이 식자였는데, 만약 그들이 훈민정음을 보존하고 이를 부녀자를 포함한 하층민에게 전파하지 않았다면 오늘날 우리가 온전한 한글 세상을 누릴 수 있었겠는가. 허균의 홍길동전이나 선조 임금의 언문 교지에서 알 수 있듯 한글은 궁중이나 사대부 사회에서 완전히 도외시된 문자는 아니었다고 본다. 물론 중종 때의 학자 최세진 선생도 사대부였다. 훈몽자회를 보면, 그분이 훈민정음에 대해 심오한 지식을 갖추고 있었다는 걸 알 수 있다.

오늘날 우리가 쓰고 있는 한글 자모는 초성 19자, 모음 21자, 받침 27자이다. 이를 산술적으로 계산하면 무려 11,172자이다. 어럽쇼, 19×21×27=10,773인데? 결론적으로 이 계산은 틀렸다. 왜냐하면 한글은 받침이 없는 글자도 있어서, 먼저 받침이 없는 글자를 계산하면 '초성×모음' 즉 19×21=399자이고, 받침이 있는 글자

수가 10,773자이므로 이를 더하면 11,172자이다. 그러나 실제 통용되는 글자 수는 2,500자 정도이며 자주 쓰는 글자는 1,500자쯤이다.

참고로, 한글 자음과 모음의 배열 순서를 보인다.
자음(19자): ㄱㄲㄴㄷㄸㄹㅁㅂㅃㅅㅆㅇㅈㅉㅊㅋㅌㅍㅎ
모음(21자): ㅏㅐㅑㅒㅓㅔㅕㅖㅗㅘㅙㅚㅛㅜㅝㅞㅟㅠㅡㅢㅣ
받침(27자): ㄱ, ㄲ, ㄳ, ㄴ, ㄵ, ㄶ, ㄷ, ㄹ, ㄺ, ㄻ, ㄼ, ㄽ, ㄾ, ㄿ, ㅀ, ㅁ, ㅂ, ㅄ, ㅅ, ㅆ, ㅇ, ㅈ, ㅊ, ㅋ, ㅌ, ㅍ, ㅎ

'한글'이라는 말은 1913년 주시경 선생이 주도한 국어연구회가 지었으며
'으뜸이 되는 큰 글', '하나뿐인 큰 글', '한국인의 글자'라는 뜻을 지니고 있다.
한힌샘 주시경 선생께서는 "한 나라의 문화 창조는 나랏말과 글로써 이루어진다. 한 나라가 잘되고 못 되는 열쇠는 그 나라의 국어를 얼마나 사랑하느냐에 있다."라고 하셨다. 한글학자 외솔 최현배 선생은 "한글은 우리 배달겨레의 정신문화의 최대의 산물이며 세계 온 인류의 글자문화의 최상의 공탑이다. 한글의 '한'은 '하나'요, '큼'이요, 또 '바름'이며 '글'은 곧 소리글이니 한글은 곧 훈민정음을 뜻하는 것이다."라고 하셨다.

최근, 한글은 한류와 더불어 세계적으로 각광을 받고 있다. 지

구상 수많은 언어 가운데 오직 한글만이 창제된 문자이다. 세종대왕께서 몸소 창제하셨다는 사실이 믿기지 않는다. 어느 외국인은 세종대왕을 가리켜 우주인이라며 놀라움을 표했다. 혹자는 대왕께서 홀로 창제하신 것이 아니라 집현전 학사들과의 합작품이라고 하지만, 이는 전적으로 잘못된 주장이다. 세종대왕께서 몸소 창제하셨다는 사실은 훈민정음해례본에 명확히 언급되어 있다. 한글은 영어보다 훨씬 과학적이고 우수한 문자 체계이다. 오래지 않아 한글은 지구상의 모든 언어를 뒤로 하고 세계인의 공통어가 되리라 확신한다. (2025. 1. 5.)

옷줄로 태어나

 나는 옷줄로 났다.
 "옷줄로 난 사람은 부처님께 공을 들여 태어났기에 개고기를 먹어서는 안 된다."
 철이 들기 전부터 어머니의 계명은 지고하여 나는 오직 순종하기를 이날 이때까지 그치지 않았다. 나는 태중에서 이미, 세상이 삭막하고 괴롭다는 걸 감지하고 있었다. 그게 저어되어 전전반측하다가 탯줄을 목에 걸고 나왔던 거다. 생월과 생일의 천문성이 나의 예지력을 증명한다.
 불혹의 어느 야유회에서, 음식을 나르는 이가 개고기를 먹지 않는 내게 소고기 수육을 더 갖다주었다. 아까 먹던 소고기보다 훨씬 맛이 좋았다.
 "아니, 웬 소고기가 이렇게 맛있어요?"
 맞은편에 있던 동료가 이죽거렸다.
 "개고기는 입에도 대지 않는다더니 잘도 먹네그려"

접시가 바뀐 거였다. 나는 독약이라도 삼킨 듯 캑캑거리며, 먹었던 걸 토해내려고 안간힘을 썼지만 허사였다.

  외갓집 백구는 늑막염 수술을 받은 어머니의 회복 제물이 되었다. 어머니는 잘게 찢어 밀가루를 묻혀 볕에 말린 개고기로 한 달 동안 찌개를 끓여 드셨다. 독실한 보살이었던 어머니에게 그것은 개고기가 아니라 약이었다. 불교에서는 개를 조상의 환생이라 믿는다. 나는 방콕 시내를 활보하는 개들을 본 적이 있다. 어느 텔레비전에서, 개가 스님을 따라 법당에서 예불을 드리는 광경을 보곤 넋을 잃었다. 식당 개 삼 년이면 라면을 끓인다지만 참으로 신통한 노릇이었다.

  나는 여수의 흥국사에서 결혼식을 올렸다. 주지 스님이 주례를 서주셨다. 어머니가 보살이었을 뿐 그때까지 나는 불공 한 번 드린 적이 없었다. 굳이 인연이라면 웃줄로 난 것뿐이었다. 훈련병 시절, 주말 신앙 활동으로 절을 택했다. 내 옆자리 동료가 기왕이면 함께 절에 가자기에 따라나선 거였다. 부처님 전에 절을 하고 찬불가를 부르며, 목탁 소리에 맞춰 '마하반야바라밀다심경'을 외웠다. 결국 수계식(受戒式)에서 법명까지 받았으나, 나는 불교와의 단편적인 인연을 금세 잊어버렸다. 무심한 세월 속에 어머니는 타계하시고 어느 결에 고희를 넘긴 어설픈 백발만이 지나간 날들을 돌아보고 있었다. 불현듯, 나의 법명 '종○'이 떠오른 것이다. 아, 나의 법명은 바로 내 결혼식 주례를 맡았던 주지 스님의 법명이었다. 하나, 나는 지금 예배당에 나가 찬송가를 부르고 주기도문을 외우고 있다. 굳이 내 종교 이력의 선후를 정리한다면 초등학교 5

학년 크리스마스 날이 최초라 할 수 있겠다. 선물을 받기 위해 처음으로 이웃 마을의 예배당에 갔다. 무슨 선물을 받았는지 생각나지 않는 걸 보니 세월이 많이도 흘렀나 보다. 그런데, 그날 배운 노래만큼은 아직도 잊지 않고 있는 게 스스로 신통하다.

오이밭에 오이가 길쭉길쭉 잘도 컸구나
저 혼자서 컸을까 잘도 컸구나
아니 아니 하나님이 키워주셨지

그날의 인연이 이어졌던지 중학생이 되어서는 동네 고교생이었던 H 형을 따라 친구와 함께 본격적으로 교회에 다녔다.

번뇌의 나를 벗어버리면 해탈의 경지에 이른다. 나라는 존재조차 의식하지 않는 경지 곧 열반에 드는 것이 바로 극락행이다. 기독교에서는 썩어져 가는 옛사람을 벗어버리고 새사람을 입으라고 한다. 새사람은 하나님의 의와 진리의 거룩함으로 지음을 받은 존재이니 거듭난 자이다. 비움의 끝은 채움인가, 비움 그 자체인가? 비움이 비움에 그치는 거라면 살생을 꺼리는 마음, 중생을 구제하려는 자비는 어디에서 비롯된 것인가? 나의 결론은 명쾌하다. 기독교든 불교든 최고의 도는 '사랑'이다.

사람의 마음 그릇엔 밑바닥이 없어서 아무리 애를 써도 채워지지 않는다. 그러므로 욕망에는 끝이 없다. 그러나 나는 마음 그릇을 채울 수 있다고 믿어 왔다. 어리석은 탓이다. 탐욕이 채워지지 않으므로 화가 나고 원망과 미움이 쌓이니 진에(瞋恚)요, 탐욕도

진에도 사물의 이치를 깨닫지 못한 우치(愚痴) 탓이니 하루속히 삼독(三毒)에서 벗어나야 고집멸도(苦集滅道)의 사성제(四聖諦)를 이룰 수 있다는 걸 몰랐다고 평계할 순 없겠다.

중생은 전생의 업에 따라 지옥도(地獄道)에서 천도(天道)까지의 육도윤회(六道輪廻)를 거듭한다고 한다. 자연계의 윤회는 물질의 순환이다. 수증기가 하늘에 올라 구름이 되고 구름이 짙어져 비가 내리고 비는 다시 수증기가 되어 하늘에 오르는 순환이다. 중생의 윤회는 영혼의 순환이라고 정리하고 싶지만, 나는 영원한 안식처를 그려본다.

마음이 깨끗한 사람은 비록 예토(穢土)에 서 있을지라도 그 땅은 정토(淨土)가 된다. 이것은 나의 명당론과 일치한다. 그런즉 천국(극락)은 어디에나 있고 어디에도 없다.

2004년 〈수필과 비평〉 등단
여성동아 〈쓰고 싶은 이야기〉 당선. 1979년
제10회 〈전국주부편지쓰기〉 동상 1995년
〈벼룩시장 생활수기〉 부분 지역 장원 1999년
제2회 〈대한생명가족사랑편지쓰기〉 동상 2003년
제15회 〈전남·광주여성백일장〉 차상 2003년
전남대학교 평생교육원 문예창작과 3기 수료

저서

「또 하나의 고도」(수필집)

양달막

붕어빵
외팔이 철학자
주차장의 남학생
인도의 주차 풍경

붕어빵

 붕어빵을 못 사고 발길을 돌린 산책의 할아버지가 아직도 마음에 걸린다. 딸과 내가 산책로를 걷기 시작한 건 의사의 말을 들은 뒤부터다.
 "우리 따님은 운동을 싫어하는군요."
 딸을 검진한 의사의 말에 '어떻게 아셨지?' 하는 딸의 표정이 보였다.
 나도 척추골절 후유증으로 허리가 좋지 않아 한의원에 갔더니 의사는 말했다. 그 나이에 무리한 운동은 하지 말고 하루 40분 이상 걷기를 하는 게 좋겠다고.
 그 산책길에서 우리는 할아버지 한 분을 만났다. 바닷가가 끝나는 지점에서 숲길로 들어섰다. 잎이 거의 떨어지고 열매만 남은 오리나무, 여전히 푸른 소나무, 한쪽으로 고개 숙인 억새, 말라버린 미역취, 시들어가는 들국화가 보인다. 숲길을 벗어나면 2차선 찻길이 이어진다. 오른쪽은 들판이고, 야산이었던 왼쪽에는 내년에 있을 '세계섬박람회'를 준비하느라 굴착기가 쉼 없이 움직인다. 그 길에서 지팡이를 짚은 채 불안정한 걸음으로 우리를 향해 오신 할아버지를 봤다.

'아니, 길도 넓은데 왜 우리 앞으로 오는 거야? 불안하게.'

긴장됐다. 굳은 얼굴의 딸이 내 팔을 잡았다. 모르는 체하고 빨리 지나가려는데 할아버지가 우리 앞을 가로막았다.

"오늘 붕어빵 장사가 안 나왔던가요?"

낮은 목소리의 할아버지의 물음에 나는 긴장을 풀었다. 우리가 지나온 길에는 없었다고 말하자 할아버지는 실망한 표정을 하셨다. 오른쪽 들판으로 들어가는 길에 붕어빵 트럭이 가끔 나오는데 그날은 보이지 않았다. 추운 날이라 큰맘 먹고 나오셨을 할아버지의 표정이 계속 떠나지 않았다. 그곳은 인가에서 떨어진 곳이라 할아버지는 꽤 먼 길을 걸어오셨을 것이다. 모퉁이를 돌기 전에 돌아보니 힘없이 걷는 할아버지 뒤로 소실점이 아득했다.

그 붕어빵을 먹지 못한 할아버지의 심정을 이해한다.

초등학교 6학년 때, 부잣집 딸 M은 자기를 따르는 애들에게만 붕어빵을 사줬다. 나는 그 애가 싫었다. 그 애를 반장으로 뽑아준 선생님도 미웠다. 투표로 반장 선거를 했던 관례를 깨고 2학기가 되자 선생님 임의로 반장을 뽑았다. 70여 명의 반 친구는 낮잠에서 깬 것처럼 한동안 어리둥절한 표정을 했다. 그 시절엔 치맛바람이라는 용어가 있었다. 사전에는 '여자의 드세거나 극성스러운 활동을 비유적으로 이르는 말'이라고 적혔다. M의 엄마는 가끔 교실에 필요한 비품을 가져왔다. 그녀의 치맛바람이 담임에게 적용했을 것이라는 심증만 있을 뿐 물증은 없었다. 반장이 된 M이 자기를 따르는 애들에게 붕어빵 사주는 걸 봤다. 하굣길의 붕어빵 포장마차 앞에서였다. 고소한 냄새에 배가 고팠으나 사 먹을 형편이 안 된 나는 늘 그 앞에서만 걸음을 빨리했다. 1원에 열 개를 주던 시절로 기억한다. M이 애들에게 붕어빵을 하나씩 돌리는 걸 봤다. 나도 눈 딱 감고 옆에 가서 손을 내밀고 싶었지만 그녀의 똘마니는 싫었다. 붕어빵을 받으며 황송해하는 애들 눈에 띄고 싶지 않은 나는 도망치듯 그 자리를 벗어났다. 기껏 붕어빵 하나에 여태까지 지켜온 내 자존심을 팽개칠 수는 없었다.

붕어빵을 실컷 먹어봤으면 소원이 없겠다던 소년이 있었다. 소년은 집안 어르신에게 붕어빵 좀 사달라고 자주 칭얼거렸다. 고봉밥이라도 실컷 먹어봤으면 하는 60년대 초였다. 자녀가 원하는 걸 못 사준 부모 마음을 헤아릴 수 없는 나이였다.
"아나. 붕어빵이다. 실컷 먹어라."
초등학생인 소년이 학교에서 돌아온 날, 할머니는 붕어빵이 수북이 쌓인 바가지를 마루에 툭 내려놓으셨다. 맛있게 먹으라는 표정이 아닌, 실컷 처먹으라는 태도였다. 소년의 입에서 감탄이 저절로 나왔다. 꿈이 아닐까 하면서 눈을 끔벅였다. 앉은 자리에서 절반이나 되는 붕어빵을 먹었다. 남은 붕어빵은 숨겼다. 밖에서 놀다가도 붕어빵 생각에 집으로 뛰어와서 주위를 살핀 후 꺼내 먹었다. 하루 동안 그 붕어빵을 다 먹고, 저녁에 화장실을 자주 들락거렸다는 남편이다.

　어른이 돼서도 그는 붕어빵을 무척 좋아했다. 세상에는 그보다 맛있는 음식이 많다. 나이가 들다 보니 붕어빵에 추억이 어려서 그리움이 보태진 게 아닐까 한다. 이웃 K 시의 시골에 붕어빵을 맛있게 굽는 가게가 있다. 우리 가족은 그쪽으로 갈 일이 있으면 꼭 들렀고, 일부러 찾아가기도 했다.

　그런데 3년 전에 불쾌한 일이 있었다. 셋이 붕어빵과 어묵을 만 원어치 담아서 미리 계산했다. 다 먹고 나가려는데, 계산한 요금보다 더 먹었다며 주인 여자가 인상을 구겼다. 우리는 빵 몇 마리에 어묵이 몇 개라고 손가락을 꼽아가며 알려줬다. 주인은 미안하다고 말하지 않았다. 해마다 가는 단골손님인데, 설사 몇 마리 더 먹었다고 사람 많은 곳에서 그런 말을 하는 주인을 보면서 발길을 끊기로 했다. 손님이 많다 보니 초심을 잃은 데다 붕어빵이 익기도 전에 꺼내주는 그곳에 자존심을 죽이면서까지 가고 싶지는 않았다.

　산책길의 할아버지 역시 붕어빵을 드실 수 있을 거란 희망을 품고 나오셨을 것이다. 우리 집에 가는 길에 붕어빵 트럭이 있을지도 모른다는 기대를 했다.

　'붕어빵 트럭이 보이면 세 마리 사서 할아버지에게 갖다 드려야겠다. 한 마리에 천원, 세 마리에 이천 원일 것이다. '지갑 없이도 휴대전화로 입금할 수 있는 시대라 편하긴 하네. 그때까지 할아버지가 거기 계실까? 근데 빵값을 주면 받아야 할까? 안 받으면 할아버지 자존심이 상하겠지?' 이런 생각은 기우였다. 늘어진 포장의 큰 붕어빵 그림 옆에 '왕붕어빵'이라고 적힌 트럭은 안 보였다. 실망한 할아버지의 얼굴이 자꾸만 눈앞에 어른거려 애먼 붕어빵 파는 부부를 원망하면서 집으로 오는 발걸음이 무거웠다.

외팔이 철학자

 예전에 살던 남산동에 갔더니 아직도 깃발이 꽂혀있는 점집이 있었다. 외팔이 무속인이 생각났다.
 "옆 도시에서 온 외팔이 점쟁이인데 그렇게 용하대. 한번 가보자."
 시어머니의 말씀을 좇아 태어나서 처음으로 무속인을 찾았다. 원정을 오신 분이니까 곧 떠날 거라며 어머니는 그곳의 방문을 서두르셨다. 소비 기간이 끝나기 전에 음식을 다 먹어서 다행이라는 표정을 짓는 어머니. 나는 가고 싶지 않았다. 무속인은 우리와 다른 세계에 사는 사람으로 여겼기 때문이다.
 어렸을 때 우리 동네에는 '처녀 점쟁이'라고 불린 여자 무속인이 있었다. 그녀의 집은 초등학교에 오가는 길에 있었다. 나는 그 집 앞을 지날 때는 걸음을 빨리했다. 처녀 점쟁이가 나타나 뒷덜미를 잡을 것 같았다. 가끔 그 집에서 나는 징 소리는 무서움을 더 했다. 어린 내 눈에 보아도 그 무속인은 미혼처럼 보이지 않았다. 엄마에게 왜 처녀점쟁이냐고 물었더니, 처녀 때부터 점을 봐줘서 그렇게 부른다는 것이다. 성인이 돼서 무속인에 대한 두려움은 사라졌지만, 여전히 다른 세계의 사람으로 보였다.

시어머니와 나는 어느 여관의 2층으로 들어섰다. 날카로운 인상에 하얀 두루마기를 입은 할아버지가 작은 책상 앞에 앉아 있었다. 팔이 없는 한쪽 옷소매는 헐렁했다. 한쪽에는 나이대가 다른 여인들이 반상회에 모인 것처럼 옹기종기 앉아 있었다. 우리도 그 옆에 앉아서 차례를 기다렸다. 아무 걱정이 없는 사람이 무속인을 찾을까. 사람의 얼굴 모습이 다르듯 저마다의 사연도 제각각이다. 절망에서 약간의 희망을 찾으려는 사람, 하소연을 풀고 싶은 사람, 답답함에 해답을 찾고 싶은 사람들이 모인 곳이다. 물론 재미로 찾는 사람이 있다는 말도 들었다. 무속인은 어느 여인을 보고 눈썹을 밀어서 정확한 관상을 볼 수 없다고 했다. 화장하거나 얼굴을 고쳐서 관상을 바꾸려고 하지 말고 마음을 곱게 써야 한다는 걸 강조했다.

"밭은 좋은데 씨 뿌릴 사람이 없구나!"

우리가 그 앞으로 자리를 옮기자마자 그는 시어머니를 보고 이 말부터 했다. 옆에 있던 여자들의 낮은 웃음이 들렸다. 가만 생각해보니 아버지가 안 계신다는 말이었다. 나를 본 그는 곧 새 생명이 생길 거니까 걱정하지 말라고 했다. 나는 아무 말도 하지 않고 시어머니 옆에 앉아 있기만 했는데 그는 투시안을 가진 사람처럼 말했다.

그날 시어머니가 나를 데려간 건 결혼 3년이 넘어도 아이가 생기지 않아서였다. 장손인 남편이라 홀어머니는 은근히 아이를 기다렸다. 대를 끊으면 조상님 뵐 면목이 없다고 믿는 세대였다. TV의 분유 광고가 나오면 나는 슬며시 자리를 떴다. 나보다 늦게 결혼한 친척이 안고 온 아이를 귀여워하는 시어머니 모습에도 눈치가 보였다. 어머니는 아이에 대해 걸 언급하지는 않았지만, 나는 편하지 않았다. 병원에서는 우리 부부에게 아무 문제가 없다고 했다. 약도 먹어 보고 민간요법도 해봤다. 상상임신을 한 적이 있었다. 지식에 의하면 내 몸의 변화는 분명 임신이었다. 시어머니에게 임신이라고 자신 있게 말하고 산부인과에 갔다. 임신을 너무 기대하면 그런 현상이 온다고 의사는 말했다. 상상임신은 드라마에서나 나온 내용인지 알았다. 아들딸 구별 말고 둘만 낳아 잘 기르자. 하나씩만 낳아도 삼천리는 초만원이라는 공익광고가 있었다. 그런 건 내게 해당하지 않는 불공평이었다.

  나는 애면글면 아이를 기다린 건 아니었지만, 집안 어르신들의 눈치 재촉에 엄한 삼신할미만 원망했다. 지쳐갔고 포기할까 생각하는 중 시어머니가 무속인을 찾은 것이다. "정말입니까?" 무속인의 말에 시어머니가 벅찬 표정으로 재차 확인했다. 아이가 생긴다는 말보다 내 가슴을 울리는 그의 말은 희망이었다. 사람이 착한 마음을 가지고 살면 좋은 일이 온다고 했다. 운명 그거 얼마든지 이겨내고 바꿀 수 있다고 했다. 관상까지 잘 보는 그는 내게 무속인이 아닌, 철학자였다.

  집으로 오는 길, 시어머니의 얼굴에는 미소가 떠나지 않았다. 곧 손주가 생길 거라는 즐거움이었다. 내게는 명심보감, 탈무드 명언에 버금가는 그의 말이 사라지지 않았다. 그즈음에 시고모가 아이 생기는 데 좋은 약이라며 만들어 온 즙을 먹는 중이었다. 고모의 약 덕분인지 무속인의 말처럼 곧 임신했고 결혼 5년 되던 해에 첫아이를 낳았다. "축하합니다. 아들입니다!" 의사의 힘찬 말을 들으며 까무룩 잠 속으로 빠지기 전, 나는 그 외팔이 무속인을 잠시 생각했다.

그 후, 그를 다시 뵙고 싶었지만 다른 데로 가셨을 게 분명했다. 한곳에 머물기보다 더 많은 곳을 다니며 모든 사람에게 희망을 주고 있을 거란 믿음에 흐뭇하기까지 했다. 판도라의 상자에서 온갖 욕심, 질투, 시기, 각종 질병 등이 빠져나갔지만 희망은 남겨져 있었다. 해서 사람들은 어떤 일이 닥쳐도 일말의 희망을 버리지 않는다. 여전히 대문에 비치볼이나 대나무 가지가 걸리고 '무슨 보살', '무슨 도사'라는 이름이 붙은 옛 동네에서 잠시 외팔이 철학자를 생각했다. 살면서 어려움이 생길 때면 정해진 운명을 무시하고 헤쳐 나가면 얼마든지 바꿀 수 있다는 외팔이 철학자를 생각했다.

주차장의 남학생

동네에 있는 상점에 우리 식구가 장을 보러 갔다. 이곳 주차장은 넓지 않은 데다 출구와 입구가 따로 있지 않아서 들고나는 차들로 혼잡한 곳이다. 차에서 내린 후, 주차해있는 차들 사이를 누비며 마트로 향하는 중이었다.

"잠깐만요!"

어디선가 다급한 목소리가 들렸다.

주차를 잘못했나 하면서 소리 나는 쪽을 봤다. 중학생 정도의 학생이 어느 승용차 옆으로 뛰어가더니 차 뒷좌석 유리창을 다급하게 두드렸다. 운전자가 아들 태우는 걸 깜박 잊고 출발했을 거라고 단정했다. 그럴 수도 있다. 성격 급한 운전자가 가족이 모두 탄 줄 알고 출발했다가 돌아온 적이 있다는 말을 가끔 들었다. 고속도로 휴게소에서 벗어난 뒤에 그런 일을 당했다가 낭패를 당한 사람도 있었다.

"저만한 아들이 있으면 건망증이 생길 만도 하지."

내 생각을 읽은 듯 남편이 말했다.

마치 '나만 건망증이 있는 거 아니네'라는, 충분히 공감한다는 표정이다. 중학생 정도의 아이를 가진 부모라면 아직 건망증이 생길 나이는 아니지 싶었다. 물론 나이와 건망증은 비례하지는 않는다. 94세의 어머니는 나보다 기억력이 더 좋다. 그래도 우리보다 20년은 젊었을 운전자가 슬며시 걱정됐다. 이건 건망증이 아니라 꼼꼼하지 못해서다. 시동을 걸기 전에 뒷자리를 한번 돌아보면 되는 일이다. 젊은 사람이 기억을 못 하면 건망증, 노인이 그러면 치매라고 여긴다. 그 승용차의 운전자가 건망증이 있어서가 아니라 차 안을 살피지 않아서라고 애써 합리화했다.

그 학생의 두드림에 운전석 유리창이 반쯤 내려왔다. 남자의 짜증 섞인 얼굴이 보였다. 차에 흠집 나게 왜 두드리느냐는 표정이다. 남자들은 차를 무척 아낀다. 우리 집만 해도 그렇다. 차 안에서 과자 먹으면 부스러기 떨어진다며 못마땅해하고, 차에 오르기 전에 질척한 땅이 보이면 돌아서 오라고 주의시킨다. 저 학생처럼 손바닥으로 차를 탁탁 치는 것도 흠집 생긴다며 싫어한 남편이다.

'아들을 혼내려나? 일단 태우고 나서 혼을 내지……'

그 승용차 뒤에 멈춰있는 다른 차가 보였다.

요즘 사람들은 성격이 급하다. 신호등이 바뀌자마자 바로 건네다 차 바퀴에 발을 치인 사람을 봤다. 라디오에서는 '5초만'이라고 외치는 공익광고가 자주 나온다. 나는 애들이 어릴 때 신호등이 초록색으로 바뀌어도 바로 출발하지 말고 3초를 센 다음에 건너라고 말했다.

기다리는 사람에게 몇 분의 시간은 길게만 느껴진다. '네가 오후 네 시에 온다면 세시부터 행복한 어린 왕자'가 아니라, 세 시가 오기 전에 시곗바늘을 앞으로 당겨놓고 싶은 사람이 많다.

학생은 운전석 쪽으로 다가서며 트렁크 쪽을 가리켰다. 그 차 트렁크를 보니 덜 닫힌 상태였다. 운전석에서 보면 안 보일 수도 있다.

"아이고 학생 고마워"

60대로 보이는 운전자가 차에서 내려 금세 표정을 바꾸고는, 차 트렁크의 물건을 안으로 밀어 넣더니 트렁크 문을 닫았다. 그 모습을 지켜보던 학생은 조심히 가라며 배꼽 인사까지 하더니 누가 기다리기라도 한 것처럼 한쪽으로 뛰어갔다. 그냥 지나쳐도 될 텐데 급하게 와서 알려준 학생을 보니 예쁘다는 말이 저절로 나왔다.

'마음을 자극하는 단 하나의 사랑의 명약, 그것은 진심에서 오는 배려'라고 고대 그리스 희극작가 '메난드로스'는 말했다. 오지랖은 쓸데없는 것에 관심을 나타내는 것이지만, 학생의 행동은 타인에 관한 관심과 배려였다. 현대인은 남의 일에 무관심하다. 충고를 간섭으로 여긴다. 사회의 흐름이 그런 쪽으로 유도하니 그럴 수밖에 없다. 이 학생은 남의 일을 나 몰라라 하고 무심코 지나치지 않았다. 트렁크 문이 열린 상태라면 차가 달릴 때 장을 본 물건이 날아갈 수도 있다. 사소한 것 같지만 큰 사고로 이어질 수 있다. 20t이 넘는 코일이 차에서 굴러 대형 사고를 일으킨 영상도 있었다. 길에 떨어진 물건이나 갑자기 도로에 나타난 동물을 피하려다가 사고를 낸 기사도 있었다. 차 안의 모기 한 마리를 잡으려다 운전

대가 흔들거려 큰 사고가 날뻔했는데 다행히 도로에 차가 없었다는 말을 한 사람은 남편이다. 가끔 도로에 떨어져 있는 것들은 아마도 트렁크 문이 덜 닫혔거나 트럭의 짐칸을 잘 덮지 않아서였을 것이다.

가끔 요즘 애들은 버릇이 없다고 말하는데, 오래전의 이집트 피라미드 벽화에도 요즘 애들은 버릇이 없다는 말이 적혔다고 한다. 예전이나 요즘이나 사람이 사는 건 다 같다는 말이다. 돌밥이라 해도 쌀이 더 많듯이 그 학생처럼 건강한 청소년들이 훨씬 더 많다고 본다.

'그래, 그런 마음으로 성장하길 바랄게'

나는 잠깐 학생이 사라진 쪽을 바라봤다.

그런데 마트에 들어서서야 우리는 카트를 끌고 오지 않았다는 것을 알았다. 학생의 행동에 신경을 쓰느라 그랬을 거라고, 아니면 서로 미루다가 안 가져왔을 거라는 쪽으로 생각했다. 건망증이란 말 대신 깜박증이란 말을 쓰고 싶다.

인도의 주차 풍경

 결코 두메산골은 아니지만 준 시골에 속하는 우리 집이다. 시내에 살다가 이곳으로 오니까 좋은 점이 많다. 걸어서 1분 정도 걸리는 시립도서관이 있고, 공기도 맑고 바다가 가까이 있어서다. 타지방 사람들이 보고 싶어 하는 여수 바다가 바로 앞에 있으니 횡재한 기분이다. 불편한 건, 주위에 작은 병원이 하나뿐이고, 우리 가족이 원하는 먹을거리를 파는 식당이 많이 없다는 점이다.
 주택가인 우리 집 앞은 2차선이다. 흰색 실선이 그어져 있어 주차할 수 있는 점도 좋다. 예전의 집에서는 길가에 주차할 곳이 없어서 유료주차장을 이용했다. 바쁠 때는 주차장과 집 사이의 4차선의 양쪽 길을 확인한 뒤 무단횡단한 적도 있다.
 집 앞에 주차할 수 있다 보니 우리는 당연히 대문 앞에 차를 댄다. 외지인은 대개 건너편에 주차한다. 건너편의 인도는 두 사람이 함께 걸을 수 없을 정도로 좁은 데다 소리쟁이, 살갈퀴, 민들레 등의 온갖 풀까지 자라서 걸을 수가 없다. 시내의 보도블록은 내가

양달막

보기에 멀쩡한데도 갈아준다. 사람이 많이 다니니까 풀도 없다. 이곳의 인도에 난 풀은 대개 명절이 되기 전이면 잘라준다. 돌산 시립도서관 앞의 4차선 도로의 양쪽 인도는 오래된 벚나무 뿌리가 솟아 보도블록이 울퉁불퉁하다. 걷다가 넘어질 뻔한 적도 있다.

인도에 풀이 많은 건 사람이 안 다녀서겠지만, 처음에는 길이 먼저 생겼을 것이다. 우거진 숲이라도 사람이 다니다 보면 길이 생기게 마련이다. 좁은 인도로 굳이 안 다녀도 한가한 차도다. 그 좁은 인도 옆에 외지인이 주차하는 게 나는 못마땅하다. 에어컨과 히터 사용으로 시끄럽고, 기름 냄새까지 집으로 들어온다. 그뿐 아니다. 플라스틱 컵이나 담배꽁초, 김밥 상자 쓰레기를 풀이 자란 인도 혹은 차도 한쪽에 슬며시 두고 가기도 한다. 양심을 두고 가는 행위다.

언제부턴가 하얀 승용차 한 대가 그 인도 옆에 주차했다. 부엌에서 바로 내려다보이는 곳이다.
'누가 싸우는 거야 뭐야?'
처음엔 어디에서 나는 소리인지 몰랐다. 이곳의 소리는 동굴에서처럼 울림이 강해서 방향을 가늠할 수 없다. 동네 초등학교에서 마이크를 통해 나오는 소리가 집 옆 체육관 담에 부딪혀 메아리로 들린다. 집에서 조금 떨어진 축구장에서 여름 저녁때면 에어로빅하는 사람의 목소리와 음악 역시 허공에서 들리기도 해서다.
싸우는 것처럼 시끄러운 소리를 좇아가 보니 인도 옆의 하얀 승용차였다. 운전석 문을 열어놓은 채 동남아 쪽 얼굴의 여자가 통화 중이었다. 우리말이 아니어서인지 시끄럽게 들린 데다 가는귀가 먹은 사람처럼 목소리까지 컸다. 통화가 끝나니까 담배를 피우면서 아이패드 볼륨을 높여 보고 있었다. 담배 냄새가 우리 집으로 들어왔다. 우리 가족은 담배를 피우는 사람이 없어서인지 멀리서 날아오는 담배 냄새에도 질색한다.

'저러다 가겠지….'

처음엔 그랬다.

대개의 외지인은 한자리에서 며칠 동안 주차하지 않는다. 흰 승용차의 여자는 그다음 날도 담배 피우면서 시끄럽게 통화하고, 아이패드 펴놓고 낄낄거렸다. 길이 우리 땅도 아니어서 내가 쫓아낼 권리는 없지만, 시끄러움과 담배 연기 때문에 참을 수가 없었다. 빗자루와 쓰레받기를 들고 대문 밖으로 나갔다. 마침 체육관 둘레에 있는 나무에서 떨어진 잎이 길에 쌓여 있었다. 나는 무언의 항의로 낙엽을 승용차 쪽으로 쓸었다. 차에 먼지 묻는 게 싫으면 가겠지 했는데 여자는 내가 투명 인간인 양 전혀 신경 쓰지 않았다. 눈치 없는 여자를 향해 나는 그 차 운전석 옆으로 다가갔다.

"재떨이 있어요?"

열려 있는 운전석 유리창 옆에 서서 고개를 약간 숙여서 물었다.

주차하지 말라는 말은 할 수 없었지만, 재떨이를 갖고 있지 않으면 꽁초를 아무 데나 버려도 되느냐며 따지려고 했다. 내 말이 빠른 편이라 그런지 잘 못 알아듣는 눈치였다. 나는 둘째와 셋째 손가락을 펴서 입에 대고 담배 피우는 시늉을 한 후, 재를 땅바닥에 터는 손짓을 했다. 여자가 담배 한 개비를 뽑아서 내밀었다. 나는

양달막

"No!" 하며 손사래를 쳤다.

영어의 재떨이라는 단어가 뭔지 몰라서 나는 그 자리에서 휴대 전화를 꺼내 검색했다.

"재떨이, 그러니까 에스트레이 갖고 다니냐고요? Do you have an ashtray?"

그쪽 사람들, 특히 필리핀 사람이 영어를 곧장 하는 걸 봤다.

여자는 운전석 옆의 깡통을 들어 보이며 "재떠리 여기 있짜나?"라고 어눌한 반말을 했다. 외국 사람이니까 존댓말을 못 배웠나 보다며 이해했다.

"Please park somewhere else. 다른 곳에 주차 좀 해줬으면 합니다."

나는 또 휴대전화로 검색해서 정중하게 말했다.

여자는 못마땅한 표정으로 나를 보더니 "아라써~"라며 차를 뺐다. 나는 말끝에 '요'자를 붙이면 된다고 알려주고 싶었지만 그럴 필요성을 느끼지 않았다.

그 후에 그 승용차가 안 보여서 다행이라는 생각을 했다.

그런데 며칠 전 동네 산책을 하고 옆 동네를 지나오다가 길 한쪽에 세워져 있는 흰 승용차를 봤다. 차 번호를 보고 바로 알았다. 내 특기는 숫자를 잘 외운다는 점이다. 친척들이 자기 집 제삿날을 내게 물은 적도 있었다.

운전석 옆의 땅바닥에는 가느다란 담배꽁초가 많이 떨어져 있었다. 그 깡통 재떨이는 전시용이었나 보다. 곧이어 통화를 하는 그녀의 목소리를 듣고는 피식 웃고 말았다.
"싸장님, 다음 주부터 출근하겠습니다. 감싸합니다."
여자의 발음은 어눌했지만 존댓말을 쓰고 있었다.

순천 출생

수필가 / 시인

한국문인협회 회원

부정기 간행 『테마수필』 발행인

계간 『출판과 문학』 발행인

순천문학회·동부수필문학회 회원

해드림출판사 대표

저서
시　집 : 『우리는 누구에게 절박한 무엇이 된다』(2022)
실용서 : 『자비출판』(2018)
　　　　『자비출판, 반항해야 성공한다』(2023)
　　　　『최무식의 무의식, 수면 중 잭팟 터트리기』(2024)
　　　　『노벨문학상 수상자들의 글쓰기 분석』(2025)
　　　　『국어사전에 숨은 예쁜 낱말』(2017)
산문집 : 『외삼촌의 편지』(2016)
　　　　『어머니 당신이 있어 살았습니다』(2022)
수필집 : 『가족별곡』(2010)
　　　　『도토리의 꿈』(2023)
타　로 : 『더 단단해지는 아픔』(2025)
　　　　『타로와 스토리텔링』(2024)
　　　　『타로심리상담사의 기본적 소양』(2024)
장편소설 : 『타로의 신』(2025)

이승훈

소멸적 기쁨
마당이 있는 집 1
마당이 있는 집 2
마당이 있는 집 3

소멸적 기쁨

현대 사회는 빠르게 변화하며 다양한 형태의 고통을 동반하고 있다. 우울증, 경제적 어려움, 지속적인 스트레스 등은 다수가 일상에서 겪는 고통의 대표적인 예이다. 이러한 지속적인 고통 속에서도 현대인들은 가끔 순간적인 기쁨이나 평화를 느끼는데, 이를 "소멸적 기쁨(Dysthymic Joy)"이라 한다. 소멸적 기쁨은 일시적이지만 깊은 내면의 평화를 제공하며, 고통 속에서의 잠깐의 해방감을 의미한다.

나도 종종 이 소멸적 기쁨을 발견하며 살아간다. 직원들이 모두 퇴근한 사무실에서 야근을 마친 후 조용히 홀로 소주잔을 들이킬 때면 여우별처럼 떴다 사라질지라도 잠시 밀려오는 삶의 희열, 일주일 내내 거래처의 빚단련을 당하다가 주말을 맞으면 찾아오는 해방감이나 감정적으로 몹시 지친 일상이 이어지는 가운데 어느 날 새벽 고요한 시간 속에서 차 한 잔 마시는 순간의 평화, 암담한 하루를 맞이하면서도 붉게 물든 아침노을을 바라보며 삶의 두려움을 잊는 순간, 영혼을 옥죄는 근심을 이겨내기 위해 운동으로 땀을 흠뻑 흘리고 난 후 찾아오는 자신감, 기도는 늘 희망 고문이라고 생각하다가 어느 날 문득 원하는 게 이루어졌을 때 드는 감사의 기쁨 등 아무리 고단한 삶일지라도, 지금 내가 사는 세상이 천국임을 느끼게 하는 소멸적 기쁨들이기도 하다.

내게 소멸적 기쁨을 자주 가져다주는 곳은 시골집 마당이다. 여름이면 들려오는 풀벌레 소리, 새벽녘 마당을 서성거릴 때 쏟아질 듯 떠 있는 별들, 이른 아침 들려오는 수탉 울음소리와 새소리들, 때론 폭포 소리처럼 들리기도 하는 숲속 바람 소리, 안방에서 들려오는 어머니의 숨소리나 울타리를 스치는 바람 소리, 휘우청거리며 흔들리는 대숲이나 토방을 서성거리며 듣는 빗소리… 어디 이들뿐일까. 마당이 있는 집에서 느끼는 고요조차도 소멸적 기쁨을 건넨다.

소멸적 기쁨(Dysthymic Joy)이 주는 평화는 일시적이고 순간적이지만, 그 순간들은 고통 속에서 하나의 도피처가 되어준다. 이 현상은 우리가 고통과 불행 속에서도 어떻게든 작은 기쁨을 찾고자 하는 인간의 본능에서 비롯된다. 특히 일상적인 고통이 계속해서 지속되는 상황에서, 그 고통을 잠시 잊을 수 있는 순간들이 우리에게 얼마나 중요한지 생각해볼 필요가 있다. 예를 들어, 날마다 가난으로 고통받는 사람이 복권 한 장을 산 후 1등 당첨을 상상하며 잠시나마 고통스러운 현실을 잊는 순간은 바로 소멸적 기쁨을 보여주는 예시가 된다.

가난한 사람의 고통은 단순히 물질적인 부족을 넘어선다. 그들은 자신이 처한 경제적 어려움으로 인해 많은 일상적인 선택에서 제약받는다. 이들은 매일 반복되는 현실에 지치고, 끝없는 고통의 소용돌이에 빠져들 가능성이 크다. 그러나 그중 한순간, 복권을 사고 당첨을 상상하는 순간만큼은 그들이 현실을 잠시 잊을 수 있는 기회가 된다. 복권이 1등에 당첨되었을 때의 상상은 그들에게 큰 변화를 가져올 것이다. 현실의 고통과 어려움을 잠시나마 초월한 상상 속에서 그들은 자신을 자유롭게 느끼고, 새로운 가능성의 세계에 접속하는 듯한 기분을 느낄 수 있다. 그 순간의 기쁨은 단순히 '행운을 얻은 것'이 아니라, 그동안 쌓여온 절망과 고통의 무게를 잠시 덜어내는 해방감과 같은 것이다. 이 기쁨은 고통을 잠시나마 잊고, 그 고통 속에서 벗어난 듯한 평화로움이다.

 소멸적 기쁨의 본질은 이러한 일시적인 해방감에 있다. 고통 속에서 잠시라도 마음의 평화를 느끼는 순간이 인생에서 얼마나 큰 의미가 있는지 우리는 종종 간과한다. 특히, 일상적인 고통이 지속되는 사람들에게는 그 짧은 순간이 고통을 견디는 힘을 준다. 우리는 이 현상을 '소멸적 기쁨'이라고 부르지만, 사실 그 기쁨이 존재하는 이유는 고통이 그만큼 크기 때문이다. 고통 가운데 잠시라도 위로를 받는 순간, 그것이 우리가 살아갈 수 있게 하는 작은 원동력이 된다. 소멸적 기쁨은 결국 고통을 감내할 수 있는 심리적 자원을 제공한다. 가난하거나 어려운 상황에 부닥쳤을 때, 우리가 상상 속에서 얻는 작은 기쁨이 현실에서의 고통을 잠시나마 잊게 해주며, 그것이 다시 현실을 살아갈 힘을 제공한다. 때로는 그 기쁨이 단지 일시적인 평화에 그치지만, 그 순간들이 모여 우리가 다시 일어설 수 있는 기반이 된다.

  따라서, 소멸적 기쁨은 단순히 기쁨의 순간이 아니라, 고통 속에서 자신을 구원할 수 있는 방법을 찾으려는 인간의 본능적인 시도라고 볼 수 있다. 이 순간이 없다면, 고통이 너무 길고 강하게 이어져서 사람은 쉽게 절망할 수밖에 없을 것이다. 그러나 그 잠시의 평화는 우리에게 '아직 희망이 있다'라는 메시지를 전달한다. 이는 고통의 끝에 새로운 가능성이 열릴 수 있다는 믿음을 준다. 소멸적 기쁨은 인간의 내면에서 고통을 잊고 다시 일어설 수 있는 중요한 자원으로 작용한다. 고통이 깊을수록, 그 속에서 찾을 수 있는 기쁨의 순간은 더욱 값지게 느껴지며, 이는 고통을 조금이나마 덜어주는 역할을 한다. 이런 작은 순간들이 누적되면서 결국 우리는 고통을 이겨내고, 다시 일상으로 돌아갈 힘을 얻게 된다.

마당이 있는 집 1

시골집 대문을 들어서면 어머니보다 먼저 반기는 마당, 어머니 다음으로 안식을 주는 곳이다. 어머니 앞에는 부릴 수 없는, 도시에서 짊어진 고단한 삶의 여진을 마당을 거닐며 내려놓는다. 평생 가난하게 살았지만, 잔디밭 마당을 거닐면 없이 사는 티가 사라진다. 도시의 찌든 삶은 자연 일부로 순환되고, 도시에서 만신창이가 된 자존감이 치유되며, 자연이 주는 소멸적 기쁨이 근심의 무게를 덜어주곤 한다.

마당을 밟으며 서성거리는 일은, 내 인생에서 가장 소중한 성찰의 시간이며 번잡한 외부 세계를 벗어나 내면으로 시선을 돌리는 시간이다. 나이가 들수록 내면의 자아를 돌보는 시간을 갖게 되는데 시골집 마당이 가만히 내면의 아이를 불러내 주곤 한다.

시골집 흙 마당은 오래전 어머니가 홀로 사실 때 자잘한 자갈을 깔고 잔디 씨를 뿌려, 여름날에는 한 달이면 두어 번씩 잔디를 깎아야 하는 풀기 가득한 마당이 된 것이다. 올해부터는 옆집에서 경작하던 마당 가 밭을 우리가 경작하게 되면서, 마당과 밭 사이의 작은 텃밭도 마당으로 확장되어 지금은 이전보다 마당이 시원하게 넓어졌다.

마당은 아무 말 없이 넉넉하게 열려 있어 모든 질곡을 품는다. 도시의 매캐한 공기 속에서 쌓인 피로, 무표정한 사람들 틈에서 눌린 감정들, 버겁기만 한 일상의 잔해들이 마당을 밟는 순간 조금씩 풀려간다. 어머니가 나를 반기기 전, 마당은 조용히 앞장서서 지쳐 돌아온 나를 어루만지고 환한 햇살과 바람을 끌어다 안긴다.

어머니 존재 자체가 안식이라면, 마당은 반 발 앞서 영혼의 짐을 내려놓게 하는 곳이다. 마당을 지나야 온전한 안식으로 든다. 어머니 앞에서는 꺼내지 못한 속울음도, 마당에서는 흙으로 조용히 흘려보낼 수 있다. 마당의 흙과 풀잎, 오래된 장독대와 낡은 평상은 모두 말 없는 위로다. 어머니의 손이 닿아 만들어진 공간이어서 마당은 또 다른 어머니이기도 하다.

산자락 새벽안개가 아직 자리를 뜨지 못한 시간, 밤새 뒷산 숲에서 흘러내린 공기가 마당 가득 내려와 앉아 있다. 작은 마을 끝자락의 집, 그 집의 마당은 잔디가 숨 쉬는 공간이다. 아침 햇살이 구름 틈새로 미끄러지듯 내려오고, 이슬 젖은 풀잎마다 빛의 씨앗들이 무트로 뿌려져 있다. 발을 디딜 때마다 잔디의 감촉이 푹신하니 부드럽고 서늘하다. 숲이 보내준 공기를 들이켜면, 나무껍질 냄새, 습기 머금은 이끼의 기운, 새들의 깃털에서 날아온 듯한 가벼운 공기의 결이 함께 따라온다.

잔디밭 마당은 단순한 공간이 아니다. 그것은 시간의 결이 내려 앉은 곳이다. 땅속에서부터 올라온 생명의 진동이 잔디 끝으로 올라오고, 계절마다 다른 색조의 감정을 드러낸다. 봄에는 연초록이 올라오며 희망의 풀기를 퍼뜨리고, 여름에는 짙은 초록으로 성숙의 무게를 증명한다. 가을이면 마른 기운이 감도는 마당은 그 자체로 회상의 공간이 되고, 겨울엔 모든 것을 감추며 쉼을 명상케 한다. 아침 공기를 들이마실 때마다, 시간의 흐름이 공기 속에서 느껴진다. 공기는 지나간 밤과 새로이 열린 아침 사이의 균열에서 새어 나온 감정이다.

마당은 새벽이면 뒷산의 호흡을 받아 삼킨다. 그 호흡은 안개로 이루어진, 나무들의 속삭임과 짐승들의 잠꼬대를 모은 언어다. 잔디는 숲의 찬기를 받아 이슬로 바꾸고, 마당은 이슬을 가슴에 품은 채 하루를 시작한다. 나무들은 그들 기억을 바람으로 실어 보내고, 마당은 그 기억을 뿌리로 빨아들인다. 마당에서 시작된 하루는 이 세상 단 하나뿐인, 숲과 마당의 거룩한 합장이다. 마당은 단순한 외부 공간이 아니라, 살아 있는 유기체로써 뒷산과 교감하는 것이다. 마당에서 아침 공기를 마시는 일은 곧, 이 모든 것의 리듬을 몸 안으로 받아들이는 의식과도 같다.

아침 마당은 고요하기 이를 데 없다. 하지만 그 침묵은 공허할 수 없다. 새소리가 깃들고, 바람이 잔디 위를 스쳐 가며 남기는 자국들, 이슬이 햇살로 스며드는 소리 없는 현상들이 그 자리를 채운다. 세상은 도시의 소음과 분심으로 가득하지만, 이곳에서는 고요함이라는 감각이 오히려 가장 생생하게 살아 있다. 이 고요 속에서 숨을 쉬면, 몸의 리듬도 자연의 리듬을 따라 느려지고 깊어진다. 시간은 재촉하는 일 없이, 감각은 조용히 열리기 시작한다.

마당은 언제나 그 자리에 있었지만, 오랜 시간 무심히 지나치던 그곳이 새삼 다르게 보인다. 아침 공기를 마시며 천천히 걸을 때, 숨겨져 있던 시간의 조각들이 피어오른다. 지난 계절 피었다가 사라진 꽃들, 구순 노모가 힘겹게 풀을 뽑던 손길, 달과 별들을 마중하며 설레던 흔적, 그런 기억이 하나씩 되돌아온다. 자연은 기억을 저장하고, 그 기억은 공기를 통해 되살아난다. 마당을 거닐며 마시는 공기는 결국, 지나온 시간과 다가올 시간의 다리가 되어 준다.

도시에서는 잊기 쉬운 감각들-풀 내음, 흙의 촉감, 공기의 온도 차이-이 마당에서는 흔한 일상이 된다. 그 작은 변화를 감지할 수 있다는 것은, 삭막한 삶일지라도 여전히 섬세한 감각을 지니고 있다는 증거다. 잔디밭 마당을 거닐며 뒷산 숲에서 내려온 아침 공기를 마시는 일은 자연과의 조우, 자신과의 조화, 하루를 여는 가장 조용하고 충만한 의식이다. 이 마당이 있는 한, 삶은 늘 다시 시작될 수 있다.

오늘도 마당이 있는 집에서 도시 삶의 종언(終焉)을 꿈꾸면서도, 아주 먼 훗날 구순 어머니와 헤어지고 나면, 마당은 내가 내려놓은 슬픔을 어루만져 주는 곳이 될 것이라는 우울한 생각도 든다.

마당이 있는 집 2
−반딧불이를 기다린다

　어느 해 여름밤, 평상에서 어머니와 이야기를 나누다가 아주 오래전 사라져버린 반딧불이를 보았다. 유년의 아름다운 기억을 간직한 그 불빛을 보는 순간, 아이처럼 기쁜 탄성을 지를 만큼 반가웠다. 금세 행운이라도 다가올 듯 가슴이 설렜다. 그 순간, 잊고 지냈던 자연의 숨결이 다시 살아나는 듯하였다. 이제 녀석들이 돌아오는 것일까? 하지만 그 기대는 허무하게 무너졌다. 다음 해 여름도, 그다음 해 여름도 반딧불이를 더는 볼 수 없었다. 박완서 소설 '그 많던 싱아는 누가 다 먹었을까'를 떠올리면, 나는 '여름밤이면 무트로 쏟아지던 반딧불이는 다 어디로 사라졌을까'라는 표현이 뇌리를 스친다. 그만큼 녀석들의 영롱한 신비가 내게는 깊이 박혀 있다. 작지만 선명한 형광 불빛이 마당의 어둠을 가로지르던 그날밤, 그 빛은 잊힐 수 없는 또 다른 기억이 되었다.
　여름밤 마당은 풀벌레 소리로 소란스럽게 태어난다. 한낮의 뜨거운 열기가 식으며 풀잎 사이로 숨어 있던 바람이 슬며시 모습을 드러낸다. 마당 잔디밭은 달빛을 받아 은은한 풀빛으로 물들고, 잔디 위를 걷는 발바닥에는 습기를 머금은 흙의 감촉이 고요히 스며든다. 빗방울 대신 녹음의 향이 내리고, 어두운 밤하늘 아래 마당은 작지만 완전한 자연의 조각처럼 숨을 쉰다.

여름밤의 마당은 누군가의 이야기, 기다림, 애틋함이 뿌리처럼 엉켜 있는 시간의 이끼다. 반딧불이는 기억 속을 흐르는 애틋한 불빛일 뿐, 이제 더는 눈으로 볼 수 없다고 해도 마당 어딘가에서 조용히 깜빡이며 나타날 것만 같다.

마당 잔디밭의 고요한 숨결 위를 걷는다. 풀벌레의 울음은 파도처럼 밀려오고 길고양이의 졸음이 풀잎 위로 흘러내린다. 밤이 되면 마당은 청각의 세상을 연다. 바람이 지나가는 소리, 풀벌레가 우는 소리, 저 멀리서 들려오는 개구리 소리와 개 짖는 소리까지, 그 모든 미세한 숨결이 마당의 커다란 귀로 모인다. 잔디밭은 귀가 되어 듣고, 풀은 눈이 되어 바라보고, 어둠은 마음이 되어 감싼다.

겨울과는 달리 여유가 흐르는 여름밤은 모든 감각이 곤추선다. 푹푹 찌는 낮의 무게가 툭 하고 내려앉으면, 마당은 고요한 생명의 무대로 바뀐다. 풀잎은 바람결 따라 숨을 쉬고, 흙냄새는 묵직하게 가슴을 덮는다. 어둡지만 사물의 윤곽이 투명한 풍경 속에서, 사라진 반딧불이를 기다리는 일이 마치 오래된 의식처럼 여름 내내 반복된다.

구순 어머니와 시골살이를 시작하면서 마당이 있는 공간의 소중함을 깨달았다. 사람은 마당이 있는 집에서 살아야 한다는 신념조차 생겼다. 시골집은 시간의 결을 피부로 느낄 수 있는 삶을 가능하게 한다. 계절이 바뀌는 소리를 땅에서 듣고, 새벽이 오는 기척을 수탉들이 먼저 알려준다. 집 안이 시간을 잊게 하는 공간이라면 마당은 시간을 되살리는 공간이다. 여름밤, 마당을 거닐다 보면 문득 잊고 있던 그리움이 발끝에서 젖어오고 마음속에서 반짝이는 불빛 하나 조용히 살아난다. 한 달이면 보름 남짓, 이곳에서 어머니와 기억처럼 조용히 머물며 살아간다.

올여름에도 사라진 반딧불이를 기다리며 마당을 걷는다. 기다림은 어떤 생명의 흔적을 되짚는 일과 닮았다. 조용히 걷다 보면 풀잎 끝에서 작은 불빛이 반짝인다. '반딧불이일까?' 하고 가까이 다가가 보면 이슬이 아쉬움을 더없이 맑힌다. 또 한 걸음 옮기고 또 한 번 속는다. 하지만 아쉬움은 기다림을 조용히 벼려준다. 어쩌면 영원히 볼 수 없을지도 모르지만, 마당의 어둠이 녀석의 부재조차 가만히 안아준다.

반딧불이를 기다리는 일은 존재의 유무를 넘어서 자연과의 관계를 회복하는 행위다. 그것은 결국 마당이라는 공간에서만 가능한 기다림이다. 도시의 불빛은 모든 어둠을 삼켜버려, 반딧불이가 돌아올 자리를 지우고 만다. 하지만 시골집 마당에는 어둠이 살아 있다. 그 어둠을 받아들이는 공간이 있고, 그 공간은 겨우내 사라진 생명이 돌아올 수 있는 은신처가 된다. 때론 어둑서니와 맞설지라도 마당의 어둠은 두려운 존재가 아니다. 오히려 어둠 속에서 희미한 생명의 빛은 더 또렷이 보이기도 한다.

사람은 결국 뿌리가 있어야 한다. 떠도는 삶을 마감하고 싶은 순간, 누군가는 고향을 떠올리고 누군가는 마당을 떠올린다. 마당이 있는 집은 단순히 흙이 있는 공간이 아니라 그곳은 시간과 기억, 상실과 기다림이 한데 모여 사는 곳이다. 반딧불이는 이제 쉽게 만날 수 없는 존재가 되었다. 하지만 그 이름만으로도 빛나는 여운이 이곳에는 남아 있다. 불빛이 흔들리던 잔디밭, 여름밤 그리고 그 시간을 함께하던 기억. 여전히 마당을 걷는 발끝 아래 어딘가에서 반딧불이가 숨죽이고 있는 듯하다.

반딧불이를 본 적이 있는 사람은 안다. 그 작고 연약한 불빛이 사람의 마음을 얼마나 오래 붙잡는지를. 그것은 단순한 자연의 한 장면이 아니라, 잃어버린 것들을 그리워할 수 있는 능력에 대한 증명이기도 하다.

기억은 자라나는 잔디와 같다. 누군가의 발자국이 지워져도, 그때 머물렀던 마음만은 사라지지 않는다. 마당을 걷는 발끝마다 조용히 울리는 울림이 있다. 그것은 부드럽고도 단단하며, 사라진 것들을 다시 불러오는 힘을 가진다. 반딧불이를 기다리는 이 밤은 단지 허전함이 아니라, 다시 만날 수 있으리라는 믿음의 고백이다. 언젠가, 지상의 그 별들이 돌아오리라 믿는다. 어쩌면 녀석들은 지금도 어둠 속 어딘가에서 숨죽이며 빛을 준비하고 있을지도 모른다.

마당은 잃어버린 감각도 되찾게도 해준다. 고요 속의 미세한 흔들림, 어둠 속의 작은 불빛, 그 모든 것을 오롯이 느낄 수 있도록 하는 마당이 있는 집, 하염없이 기다리기만 할지라도 기다림이 있는 삶은 매우 아름답다. 여름밤을 거닐며 반딧불이를 기다리는 마음 하나로, 시골집 마당은 오늘도 깊은숨을 쉰다.

이승훈

마당이 있는 집 3
−느림의 가치

해드림 사무실이 거주한 곳은 인쇄 출판 전용 건물인 센터플러스 빌딩이다. 사무실에서 여의도 빌딩 숲을 바라볼 때 왼쪽은 8차선 도로이고, 오른쪽은 전철과 KTX 등 대한민국 모든 열차가 쉴 새 없이 달리는 철길이다. 철길은 열차가 없는 밤이 있지만 8차선 도로에는 밤이 없다. 밤새 차량의 불빛들이 줄지어 달린다. 어쩌다 새벽 두세 시쯤 도로를 바라보면, 저들은 도대체 이 시각 어디서 어디로 이동하는 것일까, 저들의 삶은 어떤 삶일까 궁금해진다. 도시에서는 멈춘 듯한 시간이 없다. 폐장된 시장의 골목길처럼 고요해도 온갖 불빛이 어둠을 쫓는다.

시골집 마당을 서성이다 보면, 흔하게 다가오는 서정 하나가 대낮이어도 시간이 멈춘 듯한 고요이다. 더구나 아이들이 거의 없는 시골이 되어 밤의 고요는 더욱 고요스럽다. 이 고요 속에서 나는 느림의 미학을 느끼곤 한다. 서울 사무실과 마찬가지로 시골집 컴퓨터 앞에서도 출판사 일을 한다. 일하다가 잠시 쉬기 위해 방문을 밀고 마루로 나와 토방으로 내려서면 마당이 나를 푸르게 안는다. 요즘 마당에는 잔디만 자라는 게 아니다. 쪼그리고 앉아 잔디밭을 살펴보면 노란 괭이밥꽃이며, 개미자리꽃, 선개불알꽃 등 애기풀꽃들이 억센 잔디를 밀치며 피어 있고, 잔디밭 듬성듬성 노란 민들레꽃이 잔디밭 가로등처럼 피어 있다. 서울 사무실에서는 상상할 수 없는 시골집 재택근무의 여유이다.

도시의 시간은 늘 똑같은 속도로 흐르는 게 아니다. 출근길 지하철은 1초 단위로 쏟아지는 인파로 채워지며, 콩나물시루 같은 전철 안에서도 사람들의 손끝은 스마트폰을 두드린다. 카페에서는 커피보다 노트북이 더 빠르게 식어간다. 언제부터인가 '바쁘다'라는 말이 인사처럼 쓰이고, '쉰다'라는 말에는 죄책감이 묻어난다. 하루를 살아낸 것이 아니라 하루를 치러낸 것 같은 느낌이 들 때, 나는 어딘가 고장 난 시계처럼 살아가고 있다는 사실을 깨닫곤 한다. 도시를 지배하는 속도가 피의 순환처럼 익숙해져, 바쁘게 산다는 것이 잘 사는 것이라고 믿게 되었는지도 모른다.

도시의 시계를 풀어놓은 채, 잔디밭이 있는 시골집으로 발걸음을 옮기면 처음에는 무언가 낯설게 다가온다. 갓 서울에서 내려왔을 때는 오히려 적막이 불안하다. 새소리, 바람 소리, 가끔 나뭇잎이 서로 부딪는 소리만 들릴 뿐이다. 자동차 경적도 없고, 사람들의 웅성거림도 없다. 하지만 그 고요는 금세 내면 깊은 곳을 어루만지기 시작한다. 마치 마음속 근심을 하나씩 털어내는 듯, 눈앞의 풍경과 귀로 스며드는 소리가 삶의 본래 속도를 회복시켜준다.

밤이든, 새벽이든, 낮이든 마당을 거닐기 시작하며, 삶은 조금씩

이승훈

달라진다. 흙냄새, 풀의 촉감, 햇볕의 따뜻함이 온몸으로 전해지고 오래된 기억처럼 서서히 가슴으로 스며든다. 잔디밭 마당에서 뒷짐을 진 채 느긋하게 하늘을 바라보면 흘러가는 구름조차 부러워진다. 천천히 아주 천천히, 고요하게 움직이는 그곳에는 무언가 재촉하는 새청맞은 목소리도, 자존심 무너지도록 셈을 따지는 이도 없다. 그저 이곳에서 살아 숨 쉬는 것만으로도 천국이 따로 없다는 생각이 든다. 커피 한 잔을 마시는 데 필요한 시간조차 다르게 느껴지는 시골이다. 도시에서는 커피가 식기 전 끝내야 할 이메일이 있고, 끊임없이 진동하는 알림이 있다. 하지만 자연 속에서는 차 한 모금, 한 모금에도 계절이 깃들고 향이 느려진다. 그리고 마침내 '나는 여기 마당이 있는 집에서 살아야 한다'라는 확신이 찾아온다.

도시의 삶이 목적지를 향해 숨 막히게 달리는 경주라면, 시골의 삶은 길을 걸으며 바람을 느끼는 산책이나 다름없다. 아침이면 마당을 둘러보며 마당 가 꽃이 피었는지, 잔디가 얼마나 자랐는지 살핀다. 애처로이 떨어진 꽃잎에도, 작은 벌레들의 움직임에도 시선을 뺏긴다. 이런 미물 같은 시간이 모여 하루를 이룬다. 누군가 보기엔 비생산적일지 몰라도, 그 느린 시간 속에서 오히려 삶의 본질이 보인다. 땅은 성급한 법이 없다. 씨앗은 스스로 때를 알아 싹을 틔우고, 열매는 자연도 눈치채지 못하게 천천히 실해진다. 자연은 늘 제 속도로 충실하게 살아간다. 그 흐름을 가까이에서 지켜보는 것만으로도 나는 다시 자연 일부가 된다.

'느림'은 게으름도 뒤처짐도 아니다. 그것은 스스로 돌아보는 시간이자 자신과 삶의 관계를 재구성하는 일이다. 도시에서는 보지 못하던 마음의 결이 드러나고, 애써 외면해 온 감정이 다시 피어난다. 빠른 속도는 효율을 낳지만 깊이는 느림에서 비롯된다. 도시의 빛이 인공조명이듯 느림은 자연의 빛이다. 인공의 밝음이 시야를 넓힌다면 자연의 밝음은 마음을 비춘다. 그 차이를 몸으로 깨닫게 되면서 나는 진짜 쉼의 의미를 알게 되었다.

밤이 오면, 시골집 마당은 또 하나의 세계가 된다. 도시의 야경 대신 하늘을 수놓는 별자리들을 챙기며, 풀벌레의 울음이 잠자리를 밀어낸다. 도시의 밤이 정보를 채우는 시간이라면 자연의 밤은 감정을 되살리는 시간이다.

삶은 결코 직선이 아니다. 느린 곡선과 굴곡을 지나며 스스로 완성해 간다. 도시에서 느끼지 못한 '느림'의 가치는 결국 나를 다시 만나는 길이다. 속도를 낮출 때 비로소 보이는 것들이 있다. 그것은 진정한 쉼이고 회복이며 깊이 있는 존재의 자리다. 그리고 그 존재의 자리는 도시의 빌딩 숲이 아니라 자연과 호흡하는 잔디밭의 풀잎 사이, 흙냄새, 고요, 마당의 계절, 몸으로 느끼는 시간에서 찾는다.

이승훈

2007년 월간모던포엠 신인상 수상 시 등단

한국수필 2020년 신인상 수상 수필등단

20010년 깊어지는 것들 시선으로 등단

한국문인협회 회원

전남문인협회 회원

여수문인협회 사무국장 역임

여수동부수필문학회회원

저서

「깊어지는 것들」(시집)

차성애

그 겨울 우리는 따뜻했다
다시 집이 되다
기적을 걷는 아이들
빙판 위의 눈물, 피로 쓴 대한독립

그 겨울 우리는 따뜻했다

설날 특별 위령미사를 드리러 가는 날은 새벽바람이 얼굴을 파고들었다. 경건하고 숙연한 마음으로 30분 거리를 걸어 성당으로 향했다. 성당 안에는 먼저 도착한 교우들이 조용히 기도를 올리고 있었다. 나도 살금살금 자리를 잡고 앉았다. 엄숙한 분위기 속에서 깊은 성찰의 시간을 가졌다.

신부님이 제의를 입고 제단에 올랐다. 그 모습이 이날따라 성스럽게 보였다. 성가가 울려 퍼지는 가운데 교우들은 손을 모아 미사에 집중했다. 이날 미사는 가족들이 모여서 조상을 기리는 제사처럼 성당에서도 합동으로 봉헌하는 위령미사였다.

위령미사는 그리스도 안에서 한 몸을 이루는 공동체가 산 이와 죽은 이를 위해 함께 기도하는 의식이다. 우리는 제대 앞에 준비된 향을 피우고 묵념하며 돌아가신 분들을 위한 기도를 드렸다. 뿌옇게 피어오르는 향불의 냄새가 성당 안을 가득 채웠다. 그 순간, 울컥하며 눈물이 났다.

남편이 하느님 품으로 떠난 지 벌써 8년이 되었다. 시간이 흐를수록 잊히는 듯하다 가도 불현듯 떠오르는 기억이 있다. 시장이나 마트에 가면 남편이 좋아하던 반찬거리 앞에서 한참을 머뭇거리게 된다. 이내 가슴이 울컥해진다.

겨울이면 무가 들어간 생굴 무침을 유난히 좋아하고, 여름이면 호박잎을 싸 먹으며 행복해했다. 이런 작은 기억들조차도 여전히 선명하다.

남편은 자상한 사람이었다. 아이들이 유치원에 가기 전까지 직접 씻겨주며 즐거워했다. 일곱 형제 중 막내였던 그는 딸을 낳은 게 신기하다고 했다. 딸아이 손을 잡고 나들이할 때 가장 행복해했다. 100살까지 살겠다고 큰소리쳤다. 하지만 운명은 그렇지 못하여 환갑을 갓 넘긴 아까운 나이에 가족 곁을 떠나고 말았다.

그의 부재는 우리 가족을 힘들게 만들었다. 마치 구겨진 신문지처럼 너덜너덜한 시간을 보내야만 했다. 그런 가운데서도 가족은 서로를 의지하며 열심히 살았다.

오늘 미사를 드리며 '리나 아빠, 우리 잘살고 있어. 그러니 그곳에서는 고통 없이 평안하세요.'라고 마음속으로 이야기했다. 그러자 순간, 머리 위로 따스한 기운이 내려앉는 듯했다.

미사가 끝나고 집으로 돌아오는 길. 찬바람에 귀가 떨어져 나갈 듯했다. '괜히 걸어왔나!' 싶을 정도로 추위가 품속을 파고들었다. 하지만 걸어오면서 생각을 정리하고 운동도 했다는 마음에 뿌듯했다.

객지에 있는 아들은 설에도 일하느라 내려오지 못했다. 고작해야 1년에 몇 번 보는 아들인데 떡국이라도 먹었을지 걱정이 됐다. 예전엔 설날에 전을 부치면 따뜻할 때 집어먹으며 "엄마가 부친 전이 최고"라며 너스레를 떨곤 하던 아들이다. 한데 이제는 바빠 사는 탓에 얼굴조차 보기 어렵다. 그래도 내색하지 않고 감사한 마음으로 화살기도를 올린다.

딸과 함께 떡국을 끓여 먹은 뒤, 고흥 팔영대교로 드라이브를 가자고 제안했다. 딸은 추워서 가기 싫다며 망설였지만, 나는 바다가 보고 싶었다. 바쁘다는 핑계를 대며 미뤄온 시간이 너무 길었다.

다행히 길이 한산해 시원하게 뚫린 도로를 상쾌하게 달렸다. 연륙교가 생기기 전에는 섬과 섬, 섬과 뭍을 오가려면 배를 타야만 했는데 천지개벽이 되었다.

팔영대교를 건너면 고흥 팔영산이 병풍처럼 펼쳐진다. 먼발치에는 나로도 우주 발사대가 위풍당당하게 서 있다. 용바위, 사자바위, 해안 절경들이 어우러진 이곳은 지역의 새로운 랜드마크로 자리 잡았다. 딸에게 하나하나 설명해 주자, "엄마, 해양 해설사 같아"라며 농담 섞인 칭찬을 건넸다. 추워서 나오기 싫다던 딸이 오히려 더 신이 난 모습이었다. 딸의 칭찬에 기분이 좋아진 나는 눈에 보이는 것들을 설명하며 즐거워했다.

설날은 한 해의 시작이다. 딸은 아직 하는 일이 자리를 잡지 못했다며, 돈을 많이 벌어 엄마를 호강시켜 주고 싶었는데 그러지 못해 미안하다고 했다.

"이제 엄마도 법적으로 노인이 되었으니, 마치 가슴에 문신을 새겨 주는 것 같다"라며 씁쓸해했다. 엄마는 안 늙을 줄 알았다며 이제야 현실을 실감하는 듯했다.

"나도 내가 법정 노인이 될 줄은 몰랐단다."

서로의 눈가에 눈물이 그렁그렁 맺혔다.

"괜찮아, 엄마는 언제나처럼 용감하고, 꿋꿋하게 살아갈 거야. 그러니 너도 너무 조급해하지 마. 인생은 기다릴 줄 아는 사람에게도 길을 내주니까."

그러면서 나는 말을 이었다.

"딸아, 세상에는 하고 싶다고 다 되는 일만 있는 건 아니란다. 괜찮아, 괜찮아. 천천히 가도 돼. 지금처럼 한 걸음씩 나아가면 돼."

조급해하는 딸의 마음이 느껴져서 토닥여 주었다. 나의 응원이 딸에게 잘 전해졌으면 좋겠다.

점심은 코다리찜을 맛있게 먹고 전망 좋은 곳에서 커피를 마셨다. 딸과 함께하고 싶었던 일들이었기에 행복한 시간이었다. 오랜만에 우리는 서로를 마주 보며 웃었다. 사랑하는 마음을 확인하는 하루가 되었다. 문득 뒤를 돌아본다.

'나는 좋은 엄마였을까?'

이제는 좋은 엄마였다는 기억보다, 따뜻하고 좋은 할머니로 남고 싶은 마음이 크다. 남은 시간도 누군가의 마음을 데워주는 사람으로 살고 싶다. 모처럼 딸과 이런저런 이야기를 나누는 시간, 그 겨울 우리는 따뜻했다.

차성애

다시 집이 되다

 집은 사람에게 무슨 의미일까. 단순히 기거하는 장소일까, 육체와 영혼이 쉬는 장소일까. 집이라는 짧고도 강렬한 집을 생각해 본다. 집은 누군가에겐 물질적 가치의 공간일 수 있고, 누군가에겐 피하고 싶은 기억이 담긴 장소일 수도 있다. 또한 누군가에겐 지친 몸과 마음을 안아주는 품 같은 곳이기도 하다.
 이렇듯 집은 각자의 삶을 품은 채 서로 다른 의미로 존재한다. 나에게도 마찬가지다. 이사 온 지 20년. 그동안 몇 번이나 집을 바꿔볼 생각을 했지만, 바쁘다는 핑계와 여의찮은 형편에 늘 마음만 품고 흘려보냈다.
 어느 날 갑자기 "엄마, 여자 친구랑 집에 갈게요."

 그 순간 머릿속이 하얘졌다. '안 돼. 이 집을 그대로 보여줄 순 없어'. 오래되고 정리도 되지 않은 집에 아들의 여자 친구를 맞이할 수는 없었다. 마음이 급해졌다. 그 길로 도면을 몇 번이고 고치며 공사를 진행했다. 공사 기간 한 달, 임시로 머물 원룸을 구했다. 직장과 가까워 걸어 다닐 수 있는 게 다행이었다. 매일 퇴근 후에는 공사 현장으로 향했다.

공사하는 분들이 불편하지 않을까 밤에만 드나들었다. 허물어진 벽과 뜯긴 마루, 공사를 시작한 지 보름이 지나도록 집은 뼈대만 드러낸 채 휑하기만 했다. 하지만, 나는 그 속에서 하루하루 '변화'를 상상했다.

잠자리에 들기 전 새집의 구조를 머릿속에 그렸다. 어떤 가구를 어디에 둘까, 수없이 엎고 뒤집기를 반복하며 잠이 들곤 했다. 그러다 어느 순간, 벽지와 문이 자리를 잡고 흰색과 베이지의 조합이 따스하게 어우러지며 집은 조금씩 새 모습을 드러냈다. 모델하우스에서 보던 풍경이 점점 내 집이 되어갔다.

문득, 그 공간에 마주 앉아 있을 아들과 여자 친구가 떠올랐다. 상상만으로도 온몸의 세포가 깨어나는 듯했다. 드디어 공사가 끝난 뒤 나는 다시 내 집으로 돌아왔다. 지출은 컸지만, 그만큼의 행복 값을 치렀다고 생각하니 웃음이 나왔다.

짐을 옮기며 묵은 것들을 정리하는 일은 곧 지나온 삶을 되짚는 시간이 되었다. 결혼 40년의 흔적들이 차곡차곡 쌓여 있었고 버릴 것들이 많았다. 그러던 중, 낡은 앨범 하나를 발견했다.

서른 살의 나, 마흔, 쉰, 예순, 사진 속에는 시간의 흐름이 계절처럼 겹겹이 담겨 있었다. 산부인과에서 받은 아들의 출산 증명서 3.8킬로그램, 키 54센티미터였던 그 아이는 어느덧 청년이 되어 사랑하는 사람을 집에 데려오겠다고 한다.

백일 사진, 돌잔치, 유치원 시절의 앳된 웃음, 성장일지, 상장, 학교생활기록부, 일기장, 앨범 속의 기록은 마치 나이테처럼, 켜켜이 태를 감싼 아들의 시간이 내 시간과 겹쳐 살아 숨 쉬고 있었다. 가슴이 뭉클했다. 친정은 딸 부자였기에 나는 꼭 아들을 낳고 싶었다.

 그 바람은 쉬운 게 아니었다. 애를 태운 끝에 누나와 다섯 살 터울로 아들을 품에 안았다. 그래서였을까, 마치 세상에서 나 혼자만 아들을 낳은 듯이 기뻤다. 성실하고 곧은 아들이 바르게 자라, 이제 누군가의 연인이 되어 내게 새로운 인연을 소개하러 온다고 하니 그저 대견하기만 하다. 여자 친구를 데려오겠다는 그 한마디는 오래된 집을 새롭게 바꾸게 한 강력한 동력이었다.

 부족한 건 채우고 눈에 거슬리는 건 덜어냈다. 집은 점점 나를 닮은 공간으로 바뀌어 갔다.

 나는 평소 다도를 즐긴다. 한때는 인근 중고등학교에 강의를 다니기도 했다. 차를 만들고 마시는 그 시간은 내게 가장 깊은 위로였다. 그래서 새집에 작지만 따뜻한 '차 방'을 만들기로 했다. 차방에 둘 방석이 필요했다. 마음에 드는 건 모두 비쌌다. 고민 끝에 스스로 만들기로 마음먹었다. 천과 지퍼, 방석 솜, 그리고 자수를 놓을 색실을 주문했다. 재봉틀이 없어 손바느질로 모든 걸 해야 했다.

 3센티미터 남짓한 바늘이 천 위를 오갈 때마다, 나는 천천히 꽃잎을 피워냈다. 눈과 손, 목이 함께 움직이며 정성을 들여야 했고,

실이 길을 잘못 들면 풀고 처음부터 다시 제 길을 찾아야 했다.
 그 과정은 꼭 내 인생 같았다. 어긋난 실수를 되짚고 잘못 든 길을 풀어내며 길을 찾는 시간. 그런 시간이 나를 사람으로, 지금의 나로 만들었다. 광목천 위에 하나둘 수놓은 꽃잎은 햇살을 받아 반짝였고, 방석 하나하나가 완성될 때마다 가슴이 뿌듯했다.
 그 위에 앉아 있을 아들과 여자 친구를 떠올리는 것만으로도, 이미 마음은 설렘으로 가득했다. 살면서 무언가를 이루어 내는 경험은 결국 자기 자신에게 주는 용기이자 선물이 아닐까.

 이제 나는 이 집에서,
 고단했던 추억도, 다가올 희망도 함께 나누며 살아갈 수 있으리라 믿는다.
 좋은 사람들과 차를 마시고, 삶을 이야기하며,
 이 집에서 울고 웃으며 나답게 나이 들어갈 수 있으리라.
 그렇게 이곳은 다시 '집'이 되었다.

기적을 걷는 아이들

"선생님, 잠깐이라도 벽에 기대어 좀 쉬세요."

3월 첫 출근 날, 수업에 참관하는 시간이었다. 낯설고 긴장된 마음으로 교실 한쪽에 앉아 있던 나에게 쉬는 시간, 담임교사가 건넨 한마디였다. 그 따뜻하고 다정한 말이 피곤함보다 먼저 내 마음을 녹였다.

걱정과 사랑이 담긴 그 배려는 조용히 마음속에 스며들었고, 그렇게 나의 어린이집 생활은 시작되었다. 그날 이후, 내 일상은 언제나 아이들과 함께였다. 계절이 바뀌는 사계절을 함께 보냈다. 아이들의 손을 처음 잡던 날이 아직도 눈에 선한데, 어느새 졸업을 준비하고 있다니 믿기지 않는다.

해마다 겨울이 되면 학교마다 졸업식을 준비한다. 어린이집부터 유치원, 초·중·고, 대학까지. 졸업은 늘 아쉬움 속의 설렘이며 끝이 아니라 새로운 시작이라는 의미를 담고 있다. 우리 '베타니아'

도 예외는 아니다. 하지만 이곳에서의 졸업은 조금 다르다. 이곳은 장애 전문 통합어린이집이다. 발달이 느린 아이들, 지체나 지적 장애, 발달 장애 아이들이 대부분이다.

그래서 이곳에서의 졸업은 단순한 이별이 아니다. 누군가에게는 평범한 일상이, 이 아이들에게는 기적의 연속이었다. 걷고, 말하고, 웃고, 인사하고, 친구를 알아보고, 눈을 맞추는 일. 그 모든 것이 작은 아이들의 큰 기적이었다. 졸업은 그 기적의 여정을 마무리하는, 참으로 특별한 통과의례다.

장애를 만드는 원인은 수없이 많다. 어떤 아이는 태어나기 전부터 약한 씨앗을 지니고 태어나고, 또 어떤 아이는 이유 없이 세상을 느끼는 방식이 조금 다르다. 우리는 그 원인을 다 알 수는 없지만, 그것보다 더 중요한 것은 '지금, 이 아이가 여기 존재한다는 것'이다.

우리가 봐야 하는 것은 무엇이 이 아이를 이렇게 만들었느냐가 아니라, 이 아이가 어떤 빛을 낼 수 있느냐이다. 그것이 우리가 이곳에서 하는 일이고 우리가 놓치지 말아야 할 시선이다.

"선생님, 졸업식에 어울리는 시를 하나 지어주실 수 있을까요?"

원장 선생님의 부탁이었다. 하루를 고요히 정리하며 밤늦게 써내려간 시를 다음 날 조심스럽게 건넸다. 선생님은 활짝 웃으며 말한다.

"너무 좋아요. 졸업식에 바로 사용하겠습니다."

그리고 낭독까지 부탁했다. 아이들과 함께했던 시간이 하나하나 떠오르며, 그 시는 졸업식의 한 장면이 되었다. 눈물을 훔쳐내는 학부모들과 선생님, 그들의 마음이 가슴과 가슴으로 건너온다. 아이들과 함께한 시간은 말로 다 할 수 없는 기적의 연속이었다. 산을 오르고, 놀이터를 거닐고, 슈퍼마켓에서 과자를 고르던 그 평범한 일들이 이 아이들에겐 세상을 배우는 훈련이자 모험이자 또 하나의 성장 수업이었다.

말로써 감정을 표현하기 어려운 아이들은 표정과 몸짓, 눈빛으로 세상과 소통한다. 그래서 우리는 늘 마음의 귀를 열어두고 그 작은 신호 하나하나를 놓치지 않으려 애쓴다.

처음 담임을 맡아 만난 한 아이는 마음을 표현하는 방법을 아직 배우지 못한 상태였다. 감정이 복잡해질 때면, 몸으로 분노를 터뜨리고 눈물로 세상과 거리 두기를 하던 아이였다. 하지만 그 모습은 오히려 나에게 '도와달라'는 작은 신호처럼 느껴졌다. 매일 눈을 맞추고, 조용히 옆에 앉아주고, 한마디 말 대신 따뜻한 손길을 건네던 시간 속에서 조금씩 아이는 마음을 열기 시작했다. 어느 날, 하원 시간에 그 아이가 두 손을 모아 공수 자세로 인사를 했다.

"선생님, 안녕히 계세요."

그 짧은 한마디가 그동안 믿고 기다려 온 기적 같은 순간이었다. 말보다 더 많은 이야기가 가슴에 들어왔다.

처음 만난 아이와 서로를 이해하고 사랑하기까지 얼마나 많은 시간이 필요했는지 모른다. 아침이면 간식을 먹고 외출 준비를 한다. 동네를 돌고 슈퍼에 들러 장을 보고, 놀이터에서 그네를 탄다. 그러다 산으로 향한다. 베타니아의 아이들은 숲에서 자란다.

걸음도 떼지 못하던 아이들이 산길을 걷는다. 넘어지고, 주저앉고, 울고, 업어달라고 땅에 드러눕기도 한다. 그럴 때마다 선생님은 아이를 조용히 안아 올리고 다시 손을 잡는다.

어디로 튈지 모르는 도토리 같은 아이들, 그 아이들이 하루하루 숲을 걷고 나무와 바람과 친구가 되며 조금씩 단단해져 간다. 고락산 정상에 오른 날이었다. 아이들은 손가락으로 브이 자를 그리고, 햇살보다 더 맑은 웃음을 짓는다. 손에는 간식과 물이 들려 있고 선생님들의 입가에도 웃음이 번진다.

"어머나, 이 조그만 아이들이 산을 다 올라오다니."

산에서 마주친 어른들은 놀라며 아이들의 머리를 다정히 쓰다듬는다. 그건 정말 기적이었다. 노력하면 무엇이든 가능하다는걸. 아이들과 선생님이 함께 증명해 보인 순간이었다.

숲길엔 애기똥풀, 양지꽃, 제비꽃, 아이들의 웃음도 함께 피어나는 숲에서의 시간은 모두에게 따뜻한 기억으로 남았다.

그리고 이제, 아이들은 졸업한다. 손에 손을 잡고 산을 넘고 동네를 걷던 아이들이 이제는 더 큰 세상을 향해 걷는다. 유치원 구석구석에 남은 웃음소리와 작은 발자국들을 남기고 한 뼘 더 자라날 것이다.

졸업은 끝이 아니다. 또 다른 시작이다. 형님이 된 아이들은 더 넓은 세상으로 나아갈 것이다. 선생님들의 품에서 배운 사랑을 마음에 담고 떠난 아이들의 세상은 언제나 반짝이는 순간들로 가득

차성애

찰 것이다.

 호기심 가득한 눈빛, 넘어져도 다시 일어서는 작지만 강한 발걸음. 그 아이들은 여전히 세상을 향해 걷는다. 그리고 우리는, 오늘 그 힘찬 걸음에 박수를 보낸다.
 "너희들, 참 잘 자랐다."

빙판 위의 눈물, 피로 쓴 대한독립

 근대사에 우리 민족의 독립정신을 일깨우고 각성하게 만든 분이 안중근 의사 말고 또 있을까. 조국이 외세의 발아래 짓밟히는 현실 앞에서 의사는 끝내 눈을 감지 못했다.
 의사는 엄혹한 시절 100여 명의 의병을 이끌고 두만강을 건넜다. 그 발걸음은 단순한 이동이 아니었다. 죽음을 각오한 한 인간의 결연한 신념이자 조국을 지켜내겠다는 목숨 바친 침묵의 맹세였다.

 계획한 기습 작전은 성공했다. 그러나 그 이후가 문제였다. 전투 중 생포한 일본군 포로들을 국제공법에 따라 석방하자는 그의 제안은 대원들의 반발을 샀다. 의사는 끝까지 인간의 도리를 저버리지 않았다.
 총 대신 자비를 택했고, 복수 대신 원칙을 선택했다. 그 선택은 결국 참혹한 패배로 이어졌다. 그의 자비를 받았던 일본 장교 '모

차성애

리스'는 패배의 굴욕 속에서 복수심에 사로잡혔다. 반성은 없었고 분노만이 남았다.

모리스는 제국의 장교로 성장해 독립투사를 짓밟으며, 어두운 맹세를 실현해 나갔다. 한 사람의 증오는 또 다른 죽음으로 되돌아왔다. 그는 모든 결과를 기꺼이 감내했다. 전우들이 쓰러지고 작전이 무너졌어도 흔들리지 않았다. 차디찬 하얼빈의 빙판 위에서 의사는 짐승처럼 울부짖었다. 혹한의 바람 위를 걷듯 고독과 마주하며, 얼어붙은 심장은 고통스럽게 뛰었다. 그러나 그 고통 속에서 자신이 아직 살아 있음을, 그리고 아직 끝나지 않은 사명이 남아 있음을 깨달았다.

마침내 그는 자기 손가락 세 마디를 자르고, 붉은 피로 '대한독립'이라는 글씨를 써 내려갔다. 그 글자는 단지 절규가 아니었다. 역사 앞에 바치는 피의 맹세였다.

그는 이토 히로부미의 동선을 쫓아 기차에 올랐다. 품 안에는 총이 있었고, 가슴 속에는 정의가 있었다. 그는 동지들과 결의를 다지며, 마지막 순간을 준비했다.

1905년, 일본은 러일전쟁에서 승리한 직후 을사늑약을 강제로 체결했다. 조선의 외교권은 박탈당했고 통감부가 설치되었다. 이로써 대한제국은 사실상 일본의 식민지가 되었다. 사람들은 이 조약을 '을사조약(乙巳條約)'이 아니라 '을사늑약(乙巳勒約)'이라 부른다. '늑(巳)' 이라는 글자에는 '억지로, 강제로'라는 뜻이 담겨 있다. 그 이름 속에는 우리 민족이 겪은 수탈과 억압의 실상이 고스란히 담겨 있다. 많은 사람이 이에 항거하다 순국했고, 대한민국 임시정부는 11월 17일을 '순국선열의 날'로 제정했다.

그날을 기억하는 것은 단지 과거를 기리는 일이 아니다. 나라를 잃은 치욕을 되새기며, 다시는 같은 역사를 반복하지 않겠다는 다짐이기도 하다.

1909년 10월 26일 하얼빈역, 러시아 군대의 사열을 마친 이토 히로부미가 열차로 향하던 순간, 안중근은 브라우닝제 반자동 권총 M1900을 꺼내 들었다. 방아쇠가 당겨졌고, 이토는 쓰러졌다. 그는 가슴에 품고 있던 태극기를 높이 들며 외쳤다.

"코레아 우라! 코레아 우라! 코레아 우라!"

에스페란토어로 "대한독립 만세"를 뜻하는 그 외침은 총성보다 더 깊고, 더 분명하게 울려 퍼졌다. 그는 체포되었고, 1910년 2월 14일 사형을 선고받았다. 그리고 그해 3월 26일, 스물두 해의 짧은 생을 마감했다. 어머니가 지어준 하얀 명주 수의를 들고 온 두 동생 앞에서 그는 마지막 유언을 남긴다.

"내 뼈를 하얼빈 공원 곁에 묻었다가 국권이 회복되거든 고국으로 반장해다오."

의사의 서거 115년. 지금도 유해는 돌아오지 못했다. 그가 아직 돌아오지 못한 것은 단지 시간이 부족해서가 아니다. 어쩌면 우리가 온전히 그를 기억하지 못하고 있기 때문은 아닐까. 이 글 속의 '공부인'은 허구의 인물일지 모른다. 그러나 그녀는 이름 없이 싸운 여성 독립운동가들의 상징이다. 냉철한 눈빛과 단호한 행동은

차성애

말한다. 민족의 독립은 몇몇 영웅들만의 것이 아니었다고. 그녀는 그 자체로 애국이었고 독립이었다.

김훈 작가의 문학성과 우민호 감독의 미학적 시선이 만난 영화 〈하얼빈〉은 안중근이라는 독립투사를 완성하므로 그 시대의 고통과 선택, 신념과 외침을 오늘로 불러낸 대서사이다. 그들은 오늘을 사는 우리에게 묻는다. 피로써 내려간 '대한독립', 우리는 무엇을 기억하고 무엇을 잊지 말아야 하는지. 빛과 어둠이 교차하는 역사의 시간 속에서 그날의 외침은 아직 끝나지 않았다. 그의 외침은 지금도 우리 가슴 속 어딘가에서 살아 숨 쉬고 있다.

박주희

모사금 노을을 듣다
얼굴 바위를 경청하다
백야도 길을 닫다
만성리 블루스

고려대학교 대학원 아동언어코칭학과 상담학습코칭
석사 졸업
전남대 여수 캠퍼스 평생교육원 심리자격증 강의 외 다수
현 〈심리학, 나를 찾아서〉 심리상담소 운영
광양문협회원
여수해양문학상 대상(시 부문)

저서
「어제도 찾아왔고 오늘도, 아마 내일도」(시집)
「여수를 순례하다」(여행 에세이)

모사금 노을을 듣다

　마침 노을이 먹빛으로 다가왔다. 오천동에서 모사금 넘어가는 갯바위 암석길이 벌써 어둑하다. 널바위들이 그리 미끄럽지 않아 다행이다. 파래며 각종 물풀 어우러진 바다 머리맡, 노을이 물감처럼 바다에 풀어진다.

　바다가 원래 푸르러서 노을이 푸른지, 노을이 원래 푸르러서 바다가 푸른지 모르겠다. 부서지는 물보라, 파도치는 물목의 넘김 소리가 얼마나 맑게 귀에서 쏟아지는지. 바위에 부딪히며 쓸려가는 물거품, 그 새하얀 용트림이 환상적이다.

　어우러지고 어우러지는 시간이다. 기분 좋은 여름밤이 벌써 엄습한다. 하루의 마지막 악장인지 맑은 갯바람이 불어온다. 어슬녘 나무줄기를 간지럽히는지 나뭇잎들마다 바람을 털어낸다. 목덜미가 시원하다. 파도는 마음껏 다홍빛 풍금 소리로 쏟아져 내린다.

짠내나는 마을 지붕으로 저녁달이 기운다. 독백인지 고백인지 청동빛 어둠이다.

노을을 변주하는 영원한 노스탤지어, 아름다운 반달이 갯바람이 스치고 간 메꽃 꽃망울 속을 들여다본다. 아무런 빛과 색이 없는 꽃에게 누가 저 분홍빛 외로움을 살짝 묻혀 놓았나!

산들바람 속에서 드디어 적막이 태어난 것 같다. 물빛 이파리들이 고요히 불어온다. 초여름 분홍들이 이파리마다 분분히 맑은 단내를 풍긴다. 새하얀 조약돌은 조각난 꽃의 대리석, 늘 이맘때쯤 메꽃 넝쿨이 휘감고 오른다. 누가 한 방울 향수를 꽃 속에 떨구어 놓았음에 틀림이 없다.

모사금에 이르자, 고운 모래밭이 다시 펼쳐진다. '쓰레기는 본인이 가져가세요.'라는 현수막이 큼지막하게 보인다. 제법 모래밭이 깨끗하다. 갯돌 청량한 해안가 숲과 금빛 해수욕장이 사람들로 붐빈다. 데크길이 한창 공사 중이다. 작은 벼랑에 놓인 한 구간 완성된 데크길을 따라 걸었다. 그 시간, 그 빛깔, 그 색채들로 살아 있음이, 겹겹이 첩첩 산들을 쓰다듬으며 다 자라난 능선의 초록도 풍만해지고 있음이, 폭폭 여름 저녁이 단내를 풍기며 모사금을 들추고 있다.

모살(모래를 뜻하는 여수 토속말)과 기미(해안이라는 뜻)가 합쳐진 지명, 모사금 노을이 천성산으로 진다. 싱그럽던 유월의 공기와 풍경이 하지를 낭송하며 물러간다. 등 푸른 고등어처럼 숲 우거진 섬들이 태곳적부터 머리맡에 쌓인 모사금 바다, 남해와 해저터널로 만나는 지점이기도 하다.

풍경을 듣는 시간이다. 작은 벼랑 앞, 톡톡 떨어지는 물방울 소리도 정겹다. 그 물빛 속으로 암석이 청량하게 녹아든다. 인적 드문 시간을 찾아와서일까, 한적함이 쏠려온다. 산 아래 작은 방파제가 있고 그 방파제 안으로 마을 하나가 자리하고 그 마을 안으로 작은 모래사장이 있다. 반달 빛 해안선 따라 쉼 없이 파도소리 쓸리며 오간다. 남보랏빛 남해가 멀리 떠밀려오는 작지만, 작지만은 않은 모사금 바다! 어디든 아늑하다.

모래사장을 깊이 파고드는 얇은 물결이 이랑이랑 반달형 무늬를 해변에 그린다. 여러 각도에서 치고 들어오느라 우렁우렁 모사금에선 밤낮이 바람 소리 파도 소리다. 한적하고 고요롭다. 신덕 해수욕장 물살과 비슷하다고 해야겠다.

실컷 물을 머금으며 서서히 두께를 부풀려온 물이랑이 모래밭 경사를 타악! 치는 순간, 고운 모래 입자들이 희디흰 물보라와 함께 튀어 오르면서 거품으로 쓸린다. 물보라에 튀는 새하얀 안개 포말들. 고운 모래, 금빛 나는 모래밭이 순간 새하얗다.

동글동글 흘러내리는 물거품은 새하얀 부채 줄무늬, 주륵주륵! 어쩜 저리 일정한 두께로 해변에 거품지다 사라지는 무늬가 생길까, 작은 배 한 척이 풍경을 더한다. 마을은 천성산 능선을 품은 채 저물어간다. 낮에는 환하고 밝은 소음들에 묻혀 들리지 않던 물소리, 벌레 소리, 나뭇잎이 바람에 부딪혀 사각거리는 소리가 들린다.

여수~남해 해저터널 거리 7~8분 소요된다는데 그 해저터널이 완공되면 이렇게 고요한 환경이 남아 있을까?

얼굴 바위를 경청하다

 드넓은 갯벌로 유명한 여자만이 품은 섬 여자도 가는 길, 소여자도, 마파마을을 지나 배는 매물섬을 품은 대여자도 끄트머리에 도착한다. 바람은 귀에 걸린 귀고리처럼 계속 귓전을 스친다. 마을 우물터와 초등학교를 지나오면서 듣는 문화해설사의 느릅나무, 멀구슬나무, 가이스카 향나무 유래 이야기들은 모두 잿빛 색감이다. 우중충한 날씨이지만 걷는 발걸음은 더욱 흥미진진해지기만 한다.
 앞바다 해안선을 따라 벚꽃길은 회색 갯바람과 뒤섞여 더없이 청량한 향기를 전한다. 납계도와 동굴섬이 아득하다. 바닷길 트레킹 시작이다. 이곳을 지나야 점심을 먹는다니, 사면이 탁 트인 바닷가, 파도는 수평선을 넘실넘실 이끌고 온다. 누군가 물수제비를 뜬다. 곧 시들해진다. 데크길이 있어 걸음이 수월하다. 해안선은 움푹움푹 반달 해변으로 세 번 들고 난다.
 오랜 침식으로 부서진 돌맹이들이 조약돌처럼 매끄럽지는 않지만 우리 발걸음에 자그락자그락 기척을 낸다. 그리 높지 않은 벼랑

박주희

은 돌인지 흙인지를 모를 회색지대, 나무들이 대부분 가로형으로 자란다. 벚꽃 만개한 이른 봄이지만 이곳 숲은 아직 나목인 채로 그대로 있다. 벼랑을 꼭 쥐고 있는 측면으로 누운 관목들이 척박한 섬 환경을 고스란히 전해준다.

어디 나무뿐이랴. 비바람이 얼마나 할퀴어 긁어댔는지 절벽은 풍화되어 부스러지고 깎여나갔다. 여타 다른 곳에서 볼 수 있는 매끈하고 단단한 단애가 아니다. 밑부분이 움푹 파인 해식애 모습을 더욱더 아니다. 그러나 좋다. 그렇게 주름 파인 절벽이어서 더 좋았다. 나이 든 너덜겅이며 또 부서질 듯 흙을 쥐고 뿌리내린 난쟁이 관목들, 여기저기 튀어나온 돌 끄트머리에 선 나무들도 반절쯤 허리 구부려 우리를 구경한다.

드론이 한 번씩 머리 위를 스쳐 가는 데크길 마지막 구간, 섬이 얼굴을 드러낸다. 얼굴 바위를 만난다. 몇천 년 기다림 끝, 얼마나 사람을 기다려왔길래 너는 얼굴을 얻게 되었니? 코가 제일이다. 눈도 있고 입도 있다. 푸석푸석한 돌은 세월이 남긴 손길처럼 피부며 머리털처럼 자라난 관목까지 참으로 지난한 인내의 얼굴이다.

'난감하옵니다!' 그 앞을 그냥 지나가고 싶은데 문득! "반가워!" 하며 말을 건네는 바위는 속이 환하다. 문드러진 용암 반죽 같은 암석길, 풍화의 발자국도 여기저기 움푹움푹 패인 채 가장자리며 안이며 까칠하다. 그 옛날 선사시대엔 화산의 놀이터였구나!

그렇게 건네는 오래된 상흔을 다 들으려면 아예 여기 섬으로 이사를 와야겠다. 그 허기진 말들을 어찌 한 번에 다 들으랴! 햇살에 덥혀 듣고, 바람에 씻겨 들어야겠지. 해 뜨고 달 뜨는 표지로 읽어야 할 바다는 또 가만있지도 않을 테지. 에휴! 네 안 울음 같은 파도 소리 다 들으려면 "어쩌나! 네가 사는 풍경과 내 사는 인간의 삶, 흐르는 시간이 서로 달라 안타까워"

자주는 아니어도 가끔 달려와 너 안의 끅끅대는 숨소리, 그 떨림, 그 철썩임, 깃발처럼 세찬 폭풍도, 비바람의 고독도 애인처럼 다 들어줄게. 내 삶 한 움큼은 집에다 두고 올게. 너하고 만날 땐 너는 너만 생각해도 돼! 둘이 듣는 파도, 찰랑찰랑 더 이상 외롭지 않았으면 해!

잠시 발자국 깊은 혐의로 수천 년 전의 화산을 소환한다. 뭉클뭉클 용암이 흘러나와 고이고 식어갈 즈음 동굴섬 저 어딘가에 피신해 있던 시간의 밀물이 이곳을 밟았겠다. 그때는 납계도도 동굴섬도 여자도보다 더 육지와 가까웠겠구나. 그랬겠구나! 이곳이 육지 끄트머리였고 화산 활동으로 가라앉은 해저가 그때 선사시대엔 산이었을 수도 있으리라, 참!

단애를 깎고 깎아 드디어 세상에 나타난 얼굴 바위, 가없이 얼굴 바위가 전해주는 장엄한 시간의 잔주름 이야기를 듣는다. "너의 눈은 똑바로 앞을 보고, 너의 시선은 똑바로 정면을 향해야지!" 사람보다 더 사람 같은 얼굴로 나를 똑바로 바라보며 말하는 것 같다. 어느새 일행의 행렬 중 꼴찌다. 저어기서 빨리 오라고 재촉하는 목소리, 드디어 섬의 유일한 식당 도착, 붕장어 다리를 건너 소여자도 둘레길 트레킹은 식후 여자도이다. 밥부터 먹자!

"아이고, 삭신이야!" "휑, 내지르는데

"언제 다시 올 거니?" 얼굴 바위 음성이 철썩거리며 따라붙는다.

백야도 길을 닫다

배를 타고 건너간 우리 일행 앞에 놓인 길은 구불구불 산길이었다. 등대에 가려고 무척 걸었던 기억이 난다. 아마 서른 하고도 초반, 백야도 등대 가는 길은 별로 사람이 찾지 않은 길이었다. 해송이 너울거리는 사이사이로 파도 소리가 들려오던 숲은 그윽했다. 투명한 햇살에 얼룽덜룽 숲은 청정했고, 바다는 청정해역 그 자체, 우리 일행은 바다를 내려다보며 그저 감탄, 또 감탄! 아슬아슬한 벼랑길이었지만 푸른색 일색이어서 그랬는지, 파도 소리 지척이어서 그랬는지 누군가 '에델바이스'를 부르기 시작했고, 부르다 영어 발음이 꼬였고, 깔깔거리다 백호산 주둥이도 댓 발 나왔고, 예의범절이 지극한 나는 그 노래를 다시 처음부터 끝까지 불렀다.

와아!
박수 세례에 지금 36살 아들이 어린 다섯 살 표정으로 자랑스레 올려다본다. 벼랑이 마모된 지점은 미끄러워서 위험천만, 우리는 서로 손을 잡아 이끌며 돌멩이들이 발길에 치여 벼랑을 굴러 내리는 길을 조심조심 걸었다. 나무뿌리들이 얽혀 그나마 혼자라면 가뿐하게 들고날 수 있는 지척이었지만 십여 명 정도 되는 우리는 위험천만, 그러나 그런 구간도 그렇게 즐거울 수 없었다.

산으로, 골짜기로 아들과 함께 많은 시간을 함께 걸었던 화양면 백야도 등대 가는 길은 참 많이 바뀌었다. 28번 버스에서 내린 곳은 백야삼거리였다. 울울창창하던 추억이 쓰윽, 푸른색으로 오버랩된다. 그래, 이쯤에서 우리는 몽돌밭으로 내려갔어, 아니나 다를까, 비포장 길이 있었지만 뚱하게 건물이 서 있다. 그럴 수밖에 없지, 지금 삼십 년 전쯤의 이야기를 하는 거잖아!

몽돌밭은 다음에 보기로 하고. 등대 이정표 500미터라고 적힌 직진 코스를 구불구불 걸어가자니 일 킬로미터는 넘겠다. 뚜벅뚜벅 오른쪽으로 텅 빈 바다다. 오후의 윤슬이 그득그득 탄다. 새하얀 암석 위로 솔숲 능선을 가득 안은 채 섬, 섬, 섬이다. 더 멀리 더 깊게 아스라이 남빛 능선이 중첩된다. 동그란 수평선 풍광들이 두 눈에 다 담긴다. 결코 버스를 아쉬워하지는 않는다.

아무도 다니지 않아 인기척도 없던 그 숲길, 백야도 가는 길은 이제 내 안에서만 사나 보다. 들쑥날쑥 나무들에 가려 산봉우리만 간신히 삐져나와 백호산만이 아는 척하던 그 숲길, 발길에 부서지던 잔돌들 밟히던 소리, 가장자리에서부터 차오르던 파도 소리, 위태롭게 돌멩이 부서져 내리던 소리 그리운 길이다, 그립다 그리워.

푸르다. 지금이나 예전이나 변함없는 건 푸른색일 뿐. 해안에 밀려드는 쓰레기로 몸살을 앓는다. 삼십 년 쓰레기를 모아 먹고서도 저리 푸르러니. 저 푸른 쓰레기통은 늘 그 자리, 그 빛깔 그대로이구나! 사람들이 더 이상 바다를 쓰레기통으로 생각하지 않았으면 하는 생각을 하면서 걷다 보니 백야도 등대. 해상교통관제센터 건물이 들어온다. 그 옆 샛길을 타고 내려간다. 바다다.

몇 번이나 중간쯤밖에 내려가지 못했던 내리막길 양쪽으로 난 길을 왼쪽부터 공략이다. 뿌리 드러난 소나무, 저 뿌리를 밟아, 말아? 잠시 주춤거리다 그 방법밖에 없으니…. 뒤죽박죽 바위 반죽들이 기이하다. 암반들, 하나라도 잘못 밟으면 넘어질지도 모르겠다. 확 트인 바다, 지척에 개도가 보인다. 선박들이 지나가면서 배와 부딪히는 파도, 물보라를 터뜨린다. 철썩철썩! 바다가 다가와 철썩거린다. 중독되는 새하얀 바다다.

잠시 멍한 시간을 누리다 다시 데크길을 걷는다. 노을 전망대도 둘러본다. 전혀 불편함이 없다. 여기에서도 지나가는 작은 고깃배들이 물보라를 선사하고 간다. 물보라로 전해오는 인사, 미처 알아듣기도 전에 부서진다. 치열한 포옹이다. 처얼썩 안간힘을 다한 인사말이 뒤죽박죽, 그저 산산이 포말로 부서지는 저 말들이 희다. 한참 그 낱말들 안에서 침잠하는 시간, 서서히 기다리던 노을이다. 따스한 천지, 모처럼 풀어진 겨울 날씨에 더워져 외투 탈의, 시원하다.

  노을이다. 너 다녀간 설화는 늘 생략되고 말겠다. 어슬녘 밤하늘이 온 바다에 서서히 가랑비처럼 내린다. 바다가 서서히 길을 닫는다.

만성리 블루스

 만성리, 하면 바로 떠오르는 장면이 하나 있다. 바로 물안개 그득한 가로등이다. 간간이 선 가로등은 동그란 경계 안으로 알알이 안개 알갱이들을 안개꽃처럼 피웠는데, 불빛에 하염없이 그 장면을 바라보는 일은 즐거운 일이 되곤 했다.
 물안개꽃은 살아있어서 몽글몽글 피어올랐다. 봄비와 가을비 내릴 때가 가장 완벽했다. 그때뿐이었다. 새벽 세 시가 가장 완벽했는데 는개, 가랑비, 이슬비, 보슬비 내리는 밤과 새벽은 신비로웠다.
 안개 냄새는 산과 숲으로 부는 갯바람 냄새와 어우러져 무척 청량했다. 마치 깊고 깊은 우물물이 끼쳐오는 맑은 물 냄새 같기도 하고, 갓 널어놓은 아버지 하얀 와이셔츠 냄새 같기도 했다. 수없이 많은 조약돌에서도 안개 냄새가 났는데 들어서 냄새를 맡으면 돌 본연의 씻긴 맑은 냄새와 함께서인지 갯바람 냄새보다 물큰! 더 코끝을 스쳤다. (지금은 그런 냄새를 맡을 수 없다). 젖은 안개가 남긴 물의 숨소리, 고요한 그 숨의 씨앗은 동그란 안개 알갱이였다. 부풀어 오르는 초여름 달빛과 가로등 불빛을 받아 살그머니 안개는 스며들었다.

　기차 고동 소리도 고즈넉했다.
　해안에 스러지는 물거품 위로 안개와 파도와 기차 소리의 화음은 늘 나를 만성리로 데려간다. 아득한 음률 속으로 빠져들 때마다 만성리에 이끌리는 기분, 안개의 얼굴을 보고, 안개의 희디흰 옷자락들에 휘감기어 아무도 들어가 보지 못한 안개의 문지방을 넘어 안개의 집, 만성리에 들어선다.
　물빛 아득한 집, 다정함으로 만든 거실과 다정함으로 만든 부엌과 침실이며 마당까지 자욱한 다정한 안개의 집에 들면 안개의 욕조에서 안개 마사지를 받는다. 온몸 나른하게 풀려 아픈 곳이 다 사라지는 경험을 했다.

　그렇게 마음 한숨 자고 일어나면 안개의 집을 떠날 때다. 햇살이 비추기 시작할 때, 사그락사그락 옷자락 휘늘어지며 폴폴 귓전 울리는 안개의 작별 노래는 천상의 가락, 잊지 못한다.
　갈 때마다 숨 막히게 아름다웠던 바닷가 마을이었다. 바다를 볼 때마다 고민하곤 했다. 아직도 고민한다. 맞는 말을 아직도 찾지 못해서다. 찰랑거리는 바다, 해안까지 밀려와 딱 그만큼에서 헤적이는 봄, 푸른 독기를 내뿜는 여름, 철 지난 만성리 가을 바다는 바람과 햇살의 바다다. 만성리 겨울 바다는 푸른색 젤리의 집, 안개의 거처라고 해야 하나.

어쩌나, 푹푹 무릎까지 물거품 흰 물결무늬에 검게 빛나는 검은 모래밭, 아주 가끔 끝없이 잔잔한 바다, 몽돌 사이에서는 푸른 풀잎들이 솟아나 흔들거렸고 커다란 널바위 틈새에서는 바람에 머리카락 풀어놓던 파래며 미역이며 톳이며 철 따라 만선으로 가득하던 포구, 이젠 모습이 많이 바뀌었다.

어릴 적 만성리 해수욕장은 가족들과의 추억이 무척 많은 곳이다. 만성리를 처음 만났을 때가 내 생의 첫 열 살 때쯤, 젊은 아버지가 웃고 있다.

중학생인 오빠가 언니들과 바다에 뛰어들고 나는 무작정 푸른 빛에 이끌려 그냥 몽돌해변을 걷는다. 젊은 엄마가 웃는 웃음이 수평선에 걸려 부서진다. 뭉게뭉게 새하얀 웃음이 새파란 물결에 자꾸 번져온다.

다시 돌아가면 만성천이다.

고들빼기 노란 꽃이 환하게 사태진다. 산기슭에서 간간이 소쩍새 소리, 만조의 파도 소리와 뱃고동 소리, 그렇게 여름날의 만성리는 아름다운 추억의 바다다.

맑은 밤하늘 푸른 별들이 밤바다에 곧이라도 떨어져 첨벙거릴 것 같았던 바다, 밤새 괜히 바다를 멍하게 바라보곤 했다.

만성리 바깥은 내게 사람 풍경으로 와서 사람 풍경으로 저문다. 안개며 기차 고동 소리로 나와의 블루스인 바다, 진즉 버리지도 못한 추억이 쓸려온다.

이화

홀로 사는 즐거움
오래된 마당을 만나다
강물을 따라 마음도 흘러갔다
가을의 속삭임 앞에 서다

광주대학교 문예창작학과 졸업.
〈수필과 비평〉으로 등단.
작품발표: 〈에세이21〉〈에세이스트〉〈휴먼메신저〉
　　　　　〈좋은 수필〉〈선수필〉 등
동인지 발간: 〈수필여백〉〈여수수필〉〈동부수필〉
현재: 동화, 동시, 소설을 함께 집필 중

홀로 사는 즐거움

 가을이 깊어 간다. 두 그루 느티나무가 나를 반긴다. 때마침 느티나무들은 잎을 빨갛게 물들이고 있다. 나는 오랜만에 만난 친구처럼 느티나무를 향해 달려간다.
 "안녕, 잘 있었지!"
 인사를 건네고 마주 보기를 한다. 그런데 마음속에 파란 상처가 난다. 큰 느티나무는 가지 하나를 잃었다. 작은 느티나무도 뿌리에 상처 입었다. 산에서 흙을 담아와 느티나무 뿌리 곁에 부어 준다. 아프지 말아야 해. 사람인 듯 말도 걸어본다. 내가 찾아오지 않는 동안 외로웠을까. 두 느티나무는 나뭇가지에 둥그런 벌집 하나씩을 매달고 있다.

 느티나무 아래에 앉으면 어렸지만 조숙했던 내가 보인다.
 그날도 가을이었다. 느티나무 밑에서 혼자 놀았다. 혹시나 이웃 동네에 사는 벗들이 찾아올까 기다렸다. 아무도 오지 않는 길목을 한참 동안 바라보았다. 그러고는 어른이 되면 사랑하는 사람과 함께 느티나무 밑에 다정히 앉아봐야지. 마음은 뜬금없이 어른이 되었다.

어느 날, 한 스님이 느티나무를 향해 걸어왔다. 뒷짐을 지고 나를 향해 가만가만히 걷던 스님은 키가 컸다. 하얀 고무신을 신은 스님은 나의 눈동자를 살피며 걸어왔다. 스님은 내 곁에 다가와 '너는 글을 쓰는 문인이 될 거'라고 했다. 그때 스님에게서 정갈하고 고귀함이 느껴졌던 일은 잊을 수 없다. 그러고는 이 산중에 암자를 짓고 살고 싶다고 말했다. 그 후, 세월이 많이 흘러 스님은 『홀로 사는 즐거움』[4]이라는 책을 남겨두고 세상을 떠났다.

그 스님과 나란히 앉았던 돌 위에 앉는다. 아직도 그때의 온기가 남아 있는 듯하다. 마음을 다해 스님을 불러본다. 그러다 인기척에 놀란다. 이웃 마을 아저씨가 경운기를 멈추며 나에게 묻는다. 아직도 느티나무 밑에서 다정히 함께 앉을 사람을 찾지 못 했냐고. 이 농담 뒤엔 젊음이 가져다준 사랑은 이제 알아볼 수 없어 편하다.

또 다른 사람을 만나야 하는 날은 찾아오기 마련이다. 문득, 먼 길을 돌아 내 짝이 아닐까 했던 사람을 생각한다. 지금 나는 흰 머리카락 한 올을 감추고 싶은 나이다. 어떤 인연을 만나야 남아 있는 삶이 행복할까. 느티나무 아래에서 그 사람과 함께 앉아보고 싶었다. 그 사람에게 느티나무 이야기를 자주 들려주었다. 숲속

---

4) 법정 스님 에세이. 〈홀로 사는 즐거움〉

마을에서 곱게 자라났을 나를 알아봐 줄 사람일까. 비 오는 날이지만 운전대를 돌려 느티나무를 찾아가기 좋아하는 사람이었으면 싶었다. 그 사람을 생각하며 마음을 들뜨지 말아야 했을까. 인연은 아무렇게나 찾아오지 않는다는 말이 생각났다.

 '인연이란 잠자리 날개가 바위에 스쳐, 그 바위가 눈꽃처럼 하얀 가루가 될 때 그제야 한 번 찾아오는 것'[5] 이라고 했다. 그래서였을까. 나는 그 사람을 느티나무 아래까지 데려오지 못했다.

 가을바람이 건들거리며 불어온다. 느티나무 잎이 바람을 따라 멀리 날아간다. 이런 풍경을 바라보며 살아가고 있는 삶이 홀로 사는 즐거움이 아닐까. 마음속에 오래도록 간직하기 위해 날아가는 나뭇잎을 끝까지 바라본다.

 느티나무가 뿌리를 담그고 있는 시냇가로 내려간다. 여러 뿌리가 서로 껴안고 있다. 다가올 겨울, 시냇물이 꽁꽁 얼어도 서로 기대며 이겨낼 기세다. 여름내 큰물에 쓸려 뿌리를 더 드러낸 곳도 많다. 작은 돌을 주워 환히 드러나 있는 어린뿌리를 숨겨준다.

 길 위로 뻗어 있는 뿌리도 살펴본다. 자동차도 지나가지 않는 숲 마을인데 뿌리가 심하게 상했다. 또다시 흙을 담아와 상처 난 뿌리를 꼭꼭 감싸준다. 큰 느티나무와 작은 느티나무를 번갈아 바라본다. 느티나무는 딱 알맞은 거리에서 서로 의지하며 서 있다. 그 모습은 다정한 벗 같기도 하고 사랑하는 부부 같기도 하다. 두 느티나무의 인연은 누가 맺어준 걸까. 사백오십 년 전, 느티나무를

---

5) 김현태 시. 〈인연에 대하여〉

심었을 사람은 둘이어야 외롭지 않다는 것을 알았던 사람일까.

목마름이 찾아온다.

큰 대접에 우물물을 가득 담아와 스님에게 내밀었던 일을 생각한다. 스님은 왜 혼자 살아갔을까. 홀로 사는 즐거움을 깊은 산중에 내려 두고 싶었을까. 그날 이후 어쩌면 나는 이미 홀로 사는 즐거움을 터득한 스님의 삶을 따라 하기 시작했던 건 아닐까.

두 느티나무 사이에 서 본다. 나만큼이나 느티나무를 좋아할 사람은 없는가 보다. 내가 언제까지 두 느티나무를 바라보며 살 수 있을지 모를 일이다. 얼마 동안 더 스님의 삶을 닮고 살아가면 홀로 사는 즐거움을 완전하게 받아들이게 될까. 오늘따라 다정히 서 있는 두 그루의 느티나무가 몹시 부럽다. 홀로 사는 삶이 자꾸 뒤돌아 보이는 날이다.

오래된 마당을 만나다

　오랫동안 비워둔 고향 집 마당에 들어선다.
　자란 풀이 무릎까지 숨겨준다. 한 달 전, 이웃 할아버지에게 담배 한 갑을 사주고 풀을 베어달라고 부탁했다. 그러고는 여름 햇볕에 잘린 풀이 마르기를 기다렸다. 하지만 풀은 고개를 치켜든 채 나를 맞이한다. 대문에서부터 댓돌까지 가는 시간이 무척 길다. 풀들은 한 걸음 내디딜 때마다 발목을 감고 놓아주지 않는다. 오른발과 왼발을 번갈아 가며 풀들을 향해 발길질한다. 바람 때문에 드러누운 풀에게 일어서지 말라고 말을 건다. 내 발길에 풀들은 맥없이 고개를 숙인다. 말 못 하는 미물에게 미안한 마음이 들어 한동안 풀을 내려다본다. 제법 여물든 씨앗이 매달려 있다. 씨앗 한 줌을 쭉 훑어 대문 밖으로 달린다. 묵정논을 향해 씨앗을 뿌린 후에야 마당을 지켜준 풀들에 고마움을 느낀다.
　오래전 마당은 빨간 진흙에 덮여 있었다.
　새해 첫날이면 뒷산 언덕에서 황토를 가져와 마당을 채웠다. 황토가 마당에 착 달라붙을 때까지 밟고 다녔다. 나는 햇볕이 내리쬐는 날, 흙을 모아 성을 쌓았다. 마당 여기저기 내가 세운 황토궁전에서 요정들이 뛰어나올 것만 같았다. 개미들은 황토궁전을 차지했다. 봄날이면 하얀 애벌레를 가득 낳아두고 바지런을 떨던 까만 개미 떼. 어린 눈과 마음으로 생명의 잉태를 지켜보던 날들이 길어졌다.

산새들도 황토궁전을 맴돌다 낮잠을 자고 갔다. 그런 날이면 개와 고양이를 붙들어 매고 마당에 나가지 못하게 했다. 병아리들도 황토궁전을 좋아하기는 마찬가지였다. 온종일 어미 닭과 함께 황토궁전을 들락거렸다. 황토궁전은 일 년 내내 비바람을 맞으며 조금씩 낮아졌다. 봄비를 맞은 날은 지붕이 흘러내렸다. 여름 장마와 태풍의 피해를 받은 날은 반쪽만 남겨졌다. 늦가을이 되면 마른 흙은 바닥을 향했다. 겨울이 끝날 때쯤이면 흔적만 남은 황토궁전을 허물었다. 새해 새 진흙이 마당 가득 또 채워질 테니까.

오래전엔 황토가 가득 채워진 마당이 좋았다. 마당에서 풀이 자라나지 않는 것을 당연하게 생각했다. 어쩌다가 풀 한 포기 자라날 때면 식구들은 호미로 뿌리도 남기지 않고 파냈다.

하지만 어느 해 봄날, 비가 많이 내려 마당에 흙이 유실되었다. 마당에는 커다란 웅덩이까지 생겼다. 참으로 볼품없는 마당이 되고 말았다. 그래서였을까. 식구들은 마당에 봉숭아를 가득 심었다. 뿌리를 쫙 뻗어내는 화초에게 마당의 흙을 지켜달라는 부탁이었다.

마당에는 여름 내내 분홍색과 하얀색의 봉숭아꽃들이 피어났다. 봉숭아꽃 나무에 붙어 있는 벌레들도 종류가 다양했다. 새들은 마당에서 배를 채우고 똥을 싸고 갔다. 새똥 속에서 쑥부쟁이와 구절초, 하늘말나리가 자라났다. 벚나무 두 그루가 자라나는 것도 모른 척해주었다. 어느 순간, 들과 숲에서 흔히 볼 수 있는 식물들이 모두 마당을 차지했다. 우리 식구는 흔한 식물들이 지켜내는 마당을 좋아했다. 그 후 마당에 풀이 자라도록 내버려 두었다. 가끔 때를 맞춰 예초기로 풀을 짧게 깎아내면 되었으니까. 풀들의 뿌리가 움켜쥔 마당은 해를 거듭할수록 더 단단해졌다.

시골 아낙네처럼 헌 옷으로 갈아입는다.
손에 면장갑을 끼고 서툰 낫질을 한다. 대문 앞에 자라난 풀들을 베어낸다. 강아지풀, 익모초, 쑥… 이름만 들어도 정겨운 것들이다. 강아지풀 한 줌 베어들고 마당 구석구석을 바라본다. 흙 한 줌 빤히 보이는 곳이 없다.
나는 지금 몸이 아파 고향 집으로 돌아올 형제를 위해 풀을 벤다. 이제는 익모초를 베어 볼까. 아니다. 그가 쓴맛이 도는 익모초 열매를 볶아 먹으면 몸이 좋아지겠지. 가지를 쫙 뻗어 풍성한 모습의 익모초를 내려다본다. 밑동에 댄 낫을 치운다. 보랏빛 작은 꽃들과 씨앗을 담은 주머니들이 바람에 흔들거린다. 어혈을 풀어준다는 익모초의 효능이 떠오른다. 재빨리 일어서서 돌멩이를 들고 와 울타리를 만들어 준다. 작은 막대로 기둥도 만들어 줄까 보다. 그가 마당을 산책하며 약초가 되는 익모초를 알아보길 빌어본다.

쑥을 여러 주먹 베어낸다. 그러고 보니 쑥도 말려두어야겠다. 그가 겨울을 나는 동안 쑥차를 마시며 원기를 회복하면 좋겠다. 한 잎도 버리지 않고 쑥 잎을 광주리에 담아 햇볕에 놓아둔다.

집 시렁 물이 떨어지는 곳에 자라나 있는 산취는 어떻게 할까. 꽃대를 올리고 늦봄을 만나고 있다. 씨앗 주머니가 꽤 무겁게 보이는 것을 보니 마당이 마음에 들었던 모양이다. 산취의 효능은 그에게 안성맞춤일까. 항산화제와 항염증 성분이 매력이라고 한다. 뿌리부터 잎까지 다치지 않도록 방어막을 둘러 준다. 그가 이른 봄날 산취 한 접시를 무쳐내어 토실한 고구마에 맛있는 점심을 먹기를 기다려 본다.

부추 두 포기도 여태 베어 먹지 않아 꽃대를 올렸다. 부추는 베어내지 않는다면 내년 봄엔 여러 뿌리가 번식하겠지. 그가 애써 채소밭을 가꾸지 않아도 되겠으니 얼마나 다행한 일인가. 마당에 돋아난 식물들은 쓸모없는 풀이 아니다. 모두 나름대로 귀한 약초가 되는 것들이다. 이것도 저것도 그에게 도움이 될 것들이라고 보살피고 나니 베어 낼 것들이 별로 없다.

마당 한가운데 쪼그리고 앉는다. 바람이 흙냄새를 품은 풀 향기를 콧속으로 훅 밀어 넣어준다. 눈을 감고 풀들이 흔들리는 소리를 듣는다. 풀이 무성한 마당 위로 마음이 가만히 내려앉는다.

강물을 따라 마음도 흘러갔다

　도나우강을 마주 보고 서 있다.
　강의 물결은 잔잔하지 않고 거칠기만 하다. 언덕에는 풀 한 포기 보이지 않는다. 나는 강의 구석구석을 살피며 푸른 곳을 찾는다. 다행이다. 저 멀리 섬에 나무와 풀이 보인다. 마지막 여행지에서 나무와 풀을 그리워하니 우습다.
　강가의 대리석 건물에 마음이 가지 않는다. 애써 마음을 비워내고 밤이 되기를 기다린다. 화려한 조명이 켜진다는 도나우강 밤 풍경은 나의 마음을 붙들어 맬 수 있을까.
　강물은 해가 넘어가자 바닥까지 탁해지며 어두워진다. 그런데 밤 풍경을 보려는지 강을 따라 내려오는 유람선은 많아졌다. 길고 커다란 유람선 하나가 다가온다. 큰 유람선에는 목적지를 알 수 없는 사람들이 타고 있다. 나도 큰 유람선을 타고 강을 따라 내려가고 싶다. 문득 고향마을 시냇물과 가지고 놀던 종이배를 생각한다.

가끔 고향 시냇물을 강이라 생각했다. 혼자 놀아야 했으니 그런 상상을 했던 것 같다. 시냇물 속에는 가재와 미꾸라지, 메기 등도 많았다. 또한 시냇가에 피어 있던 꽃들은 나를 바쁘게 만들다.

어느 날 종이배 열 개를 만들었다. 작은 종이배에 민들레꽃을 올려 띄웠다. 제일 큰 종이배엔 온갖 들꽃을 실어 보냈다. 그러고는 한 시간 뒤 띄워 보낸 종이배를 찾아 나섰다. 하지만 내가 찾던 큰 종이배가 보이지 않을 때면 해가 저물도록 울었다. 하루가 지난 뒤였다. 운이 좋아 큰 종이배가 멀리서도 발견되었다. 꿈속에서 큰 유람선이 된 종이배를 타고 여행도 했다. 언제나 나무와 풀이 우거져 있는 작은 섬에 닻을 내렸다. 나는 그 작은 섬에서 무엇을 하고 싶었던 걸까.

도나우강을 내려오는 큰 유람선이 더 가까워졌다. 큰 유람선은 내가 어릴 때 접었던 큰 종이배와 똑 닮았다. 큰 유람선엔 꽃잎이 실려 있지 않다. 대신 키가 큰 사람과 작은 사람들이 알록달록한 옷을 입고 있다. 순간 나는 어릴 적 추억을 빼앗아 가는 큰 유람선이 싫어 한눈을 팔고 만다. 큰 유람선은 어디론가 모습을 감추고 보이지 않는다.

도나우강 강가에서 떠나고 싶다고 생각한다. 내가 가지고 놀던 작은 종이배를 생각한다. 작은 종이배는 풀잎에 자주 걸려 멀리 흘러가지 못했다. 내 주위를 뱅글뱅글 돌다가 멈추어 서기 일쑤였다. 내가 찾아 나서지 않으면 해가 지도록 자리를 지켜내던 작은 종이배. 풀잎들을 걷어내어 준 뒤에야 깜깜한 시냇물을 따라 흘러갔다. 그러고는 운 좋게 반딧불이 한 마리를 태우고 멀어져 갔다.

　창가에 놓아둔 의자에 앉아 도나우강의 저녁을 본다. 인제 그만 강물 바라보기를 포기하려고 할 때다. 작은 유람선 하나가 불도 밝히지 않은 채 내려오고 있다. 속도를 높이지 않은 작은 유람선은 내가 머무는 숙소 가까이 다가온다. 엔진을 모두 끈 것일까. 그저 강물을 따라 아무렇게나 빙그르르 돌고 있다. 그렇다고 손님을 태우고 온 것 같지도 않다.
　시간이 조금 지났다. 내 숙소 앞에 작은 유람선이 멈춘다. 숙소의 불빛을 바라보기라도 하는 걸까. 작은 유람선은 오랫동안 가만히 있다. 의자에서 벌떡 일어나 강을 내려다본다. 작은 유람선이 강물을 버텨내느라 힘겨워한다.
　'오늘 밤… 힘내!'
　마음속으로 작은 유람선을 위로한다. 하지만 누군가의 삶을 엿보는 것처럼 부끄럽다. 모른 척 창문 옆 의자에 앉는다. 고개를 내밀지 않아도 작은 유람선이 눈에 들어온다. 순간, 작은 유람선은 작은 불빛 하나만 켠 채 아무도 알지 못할 속도로 멀어져 간다. 서운하다.
　다시 자리에서 일어나 작은 유람선을 배웅한다. 그런데 뱃머리 뒤쪽에서 내가 있는 숙소를 바라보는 사람이 있다. 작은 배를 운전하는 사공과 조금 떨어진 자리에 서 있는 한 사람. 나는 뒤늦게야 작은 유람선이 한 사람의 사연을 싣고 왔다는 것을 알아차린다. 작은 유람선이 반딧불처럼 반짝거리며 사라진다. 문득 내가 띄웠던 작은 종이배가 흘러가고 있다고 생각한다. 나 마음도 뒤늦게 도나우강을 따라 흘러갈 준비를 한다.

큰 유람선은 지금쯤 어디로 향해 가고 있을까. 작은 섬이라도 만나면 닻을 내려 두고 쉬어가라고 일러준다. 또한 사람들이 화려하게 차려입은 옷 속에 아픈 마음을 숨기며 여행하고 있지 않길 두 손을 모은다.

두 눈을 가만히 감는다. 큰 유람선이 나무와 풀이 자라난 작은 섬에 정박해 있다. 마음속에서 큰 종이배를 정성껏 접는다. 그러고는 도나우강물 위로 띄워 보낸다. 종이배가 큰 유람선 곁에서 멈춘다. 잠시 뒤, 종이배는 큰 유람선에 타고 있던 사람들과 나를 태우고 들꽃이 피어 있는 시냇물에 도착했다.

가을의 속삭임 앞에 서다

마루에 앉는다.

이 가을 나무들이 품어낸 향기가 좋아 콧노래를 부른다. 또한 며칠 전부터 한 마리의 까치가 바쁜 이유도 보고 있다. 가을로 막 접어들어 먹이가 많은 덕분이겠지. 싸리비 나무에 앉았다 싶더니 감나무 위에서 한나절 보낼 참이다. 내가 아끼는 아름드리 소나무는 왜 저렇게 쪼아대는 걸까. 목청을 높이고 날아다녀 귀까지 틀어막는다.

나뭇가지를 물고 와 있는 까치를 바라보며 웃는다. 전봇대 위에 집을 지을 모양이다. 그런데 나뭇가지를 어떤 방향으로 놓을까 걱정이 되나 보다. 고개까지 숙이고 생각에 잠기는 까치를 보며 나도 시골집을 살핀다.

그늘이 내려앉은 뒤뜰 돌담 밑으로 간다.

서늘한 기운이 몸 속에 전해진다. 오랫동안 집을 비워두었던 미안함에 돌담을 가만히 만진다. 내가 다람쥐처럼 드나들고 있지만 부족한 탓이다. 어디서 굴러 나왔을까. 발에 걸려 치이는 돌멩이 하나를 주워든다. 그러고는 성벽처럼 높게 쌓인 뒤뜰 돌담을 올려다본다. 담쟁이가 붙어 있지 않은 쪽 돌담이 무너져 있다. 지난해 귀찮다고 베어냈던 담쟁이가 그립다. 약한 줄기라고 무시했던 일을 후회하며 무너진 돌담을 안타까워한다. 땅바닥까지 덮고 있는 돌의 숫자를 세어본다. 나 혼자서는 높은 곳까지 주워 올리지 못하겠다.

이 산골에 집을 지었던 노인을 생각한다.

소나무와 흙으로 지은 집이 고즈넉하다. 성벽처럼 돌담을 쌓는 동안 노인은 손마디를 몇 번이나 다쳤을까. 작은 돌을 주워 허물어진 담을 쌓아본다. 위에서부터 와르르 무너진다. 이번엔 좀 더 큰 돌을 쌓아본다. 하지만 힘에 부쳐 바닥에 돌을 내던진다. 얼마쯤 지난 시간이다. 제법 모습을 갖춰 쌓은 돌담을 본다. 작은 돌들이 들쭉날쭉 쌓인 돌담은 여물지 않게 보인다.

뒤뜰 돌담을 다시 찬찬히 둘러본다. 돌담 사이 구멍 속으로 산새들이 들락거린다. 맞다. 담쟁이가 가려주는 돌담 속은 얼마나 아늑할까. 지난 날 돌담 사이 눈을 가져다 대고 새집을 구경했던 일이 떠오른다. 점박이 무늬 새는 일곱 개의 알을 품고 있었다. 오늘도 돌담 속에 둥지를 튼 새들을 구경해 봐야겠다.

한쪽 끝자락 돌담 속으로 굴뚝새가 들어간다. 저곳에 둥지를 튼 지 오래되었겠지. 방해 될까 봐 돌담에서 멀어진다. 하지만 꽁지를 쫑쫑거리는 모습이 어여뻐 자꾸 뒤돌아본다. 참새는 우르르 몰려와 돌담을 한바탕 휘젓고 간다. 뭐가 저렇게 즐거울까. 아마도 인적이 없는 돌담을 매일 찾아오고 있는 듯하다. 이번에 딱새가 돌담 구멍에서 날아간다. 노랗고 하얀 털을 가진 딱새는 앵두나무에 앉아 나를 경계한다. 산짐승들의 생활을 훔쳐보는 게 아니었나 보다. 나는 재빨리 몸을 낮춘다.

이제는 내가 쌓아 올린 돌담 밑에 담쟁이 한 뿌리를 심어볼까.

호미를 들고 대문 밖으로 나간다. 사방 지천으로 뻗어 있는 담쟁이 뿌리를 하나 얻어낸다. 그러고는 뒤뜰로 달려가 쌓아 올린 돌담 밑에 묻어준다. 줄기를 잘 뻗어 올려 돌담을 꼭꼭 감싸 달라고 부탁한다. 돌담을 위쪽까지 쌓지 못해 휑한 모습은 싫다. 동굴처럼 무너져 있는 곳으로 산짐승이 들락거릴 수 있겠다. 어쩔 수 없는 일이다. 내가 오지 않는 사이 산짐승들이 찾아와 잠이라도 편히 자고 가라고 마음을 비운다.

마루로 돌아와 까치가 집을 짓는 전봇대를 다시 올려다본다. 제법 많은 나뭇가지를 물어다 놓는다. 집 짓는 것쯤은 일도 아니라는 듯 또 숲으로 날아가고 있다. 이번에는 내가 큰 돌을 주워 올리듯, 까치도 큰 나뭇가지를 물고 올까. 까치가 날아간 숲을 한동안 바라본다.

그런데 일이 생겨난다.

순간, 가을바람이 훅 불어온다. 까치가 올려둔 나뭇가지가 뒤뜰의 돌담처럼 와르르 땅으로 떨어진다. 나는 전봇대를 향해 달린다. 이 일을 어찌하면 좋을까. 내가 사다리를 타고 올라가 나뭇가지를 올려줄 수도 없다. 그만 안타까운 마음만 잠재운다.

까치가 굵고 긴 나뭇가지를 입에 물고 온다. 그러나 한참 동안 움직이지 않는다. 집을 짓는 일이 실패로 돌아간 것을 아는 모양이다. 곧 물고 온 나뭇가지를 다시 전봇대에 내려 둔다. 다시 숲으로 날아간다. 해가 지고 있다. 이 산중에 숲이 짙어 해가 빨리 저무는 것을 탓할 수 없다. 하지만 까치를 생각하니 마음이 급하다.

마루에 앉아 몇 시간을 보낸다. 또다시 까치집이 높아진 것을 보며 걱정이 사라진다. 그런데 애꿎은 가을바람이다. 마을 아래쪽에서 바람을 모아 오더니 전봇대에 부딪히고 사라진다. 까치집이 또 허물어지고 만다. 나는 자리에서 벌떡 일어난다. 뒤뜰에 돌담을 꽉 움켜쥐고 있는 담쟁이를 다시 생각한다. 호미를 들고 다시 대문 밖으로 향한다. 담쟁이 뿌리 하나를 파낸다. 그러고는 전봇대 밑에 심어주고 뒤돌아선다. 전봇대 꼭대기까지 담쟁이가 타고 올라가면 까치가 물어온 나뭇가지를 꽉 붙들어주지 않을까. 까치가 마지막으로 나뭇가지를 또 물고 와서 전봇대 위에 앉는 모습을 바라본다. 곧 내가 쌓은 돌담처럼 까치집도 완성될 것 같다. 작은 숲속 마을이 가을밤 속에 묻힌다.

임경화

그때 노래가 있었다
이야기가 삶을 관통할 때
지리산으로 달려간다
정다운 나의 겨울 친구

1969년 여수 출생

전남대 국어국문학과 졸업

현재 독서학원 운영

그때 노래가 있었다

 모든 노래를 좋아하지만 남도민요나 오래된 트로트를 들으면 순식간에 흥에 휩싸인다. 한 소절만 들어도 어깨와 손이 가만 있지 못하고 머리를 흔들며 슬슬 리듬을 타보기도 한다. 노래에 실려 내 마음은 삼십 년 전, 오십 년 전으로 달려가고 있다.

 대학에 입학한 몇 달 후 대동제라는 이름으로 대학 축제가 열렸다. 그때 보았던 장면이 지금도 잊히지 않는다. 개막식 행사였는데 문화 공연의 마지막 순서로 국악과 학생들이 무대에 올랐다.
 쪽 진 머리에 화려한 한복을 곱게 입은 그들은 부채를 촤라락 펼치더니 마이크를 잡았다. 이어서 구성진 노랫소리가 대운동장에 울려 퍼졌다.
 "아리 아리랑 ~ 스리 스리랑~
 아리리가 났네~ 에~에~아리랑~
 음~음~음 아리리가 났네~"

임경화

진도아리랑이었다. 전율이 내 가슴을 한바탕 훑고 갔다. 대학 축제 무대에서 진도아리랑을 들을 줄이야. 처음 듣는 아리랑도 아닌데 놀랍기만 했다.

어린 시절 고향에서 할머니, 할아버지들이 부르던 노래가 대학 축제 무대에서 불려질 줄은 몰랐다. 시원하게 내지르는 목소리, 청아하게 울려 퍼지는 가락, 간드러진 노랫소리가 그 옛날 할아버지, 할머니가 부르던 노래와 다르지 않아 눈물이 났다.

다음 순서는 강강술래였다. 안내자들이 흥이 오른 관객을 운동장으로 내려오게 했다. 수천 명의 군중이 손에 손을 맞잡고 흥겹게 강강술래를 부르며 돌고 또 돌았다.

무대에선 구성진 강강술래 가락이 계속 흘러나오고 운동장에선 강강술래 춤이 출렁거렸다. 수천 명의 학생이 부르는 노래와 춤이었다. 난생 처음 대동의 장을 경험했다. 유명 가수의 노래를 따라 부르는 것과는 차원이 다른 즐거움이었다. 스무 살을 갓 넘긴 대학 신입생 시절의 한 장면이다.

어린 시절을 보낸 개도에는 그 원형이 살아있었기에 나에게는 진도아리랑에 대한 원체험이 새겨져 있다. 할머니를 따라 동네잔치 집이나 마을 행사장에 가면 어른들이 항상 부르던 노래가 진도아리랑이었다.

막걸리가 한 잔씩 돌아가고 나면 얼큰해진 어른 중 누군가가 걸쭉한 목소리로 아리랑을 뽑아낸다. 그러면 기다렸다는 듯이 그 자리에 있는 사람들이 한목소리로 후렴구를 따라 불렀다.

"문경새재는 웬 고갠고 구부야 구부 구부가 눈물이로구나-"
"청천 하늘에 잔별도 많고, 우리네 가슴 속엔 수심도 많다-"
"노다 가세 노나나 가세 저 달이 떴다 지도록 노나나 가세-"
 '가슴 속의 수심'이 있을 리 없고, '청천 하늘의 잔별'을 본 적이 없는 나이였지만 어른들의 표정으로 그 뜻을 해석할 수 있었다. 적어도 이 노래를 부르는 순간만큼은 그들의 눈물과 수심이 청천 하늘로, 문경새재로 흘러가 버릴 것 같았다. 문학적 비유와 감각적 표현이 살아있는 노랫말 덕분일 것이다.

 이 노래 한마당에서 내가 좋아했던 것은 노래의 내용이 아니라 형식이다. 즉흥적으로 각자 만든 노래 가사를 선소리로 매기고 후렴구는 다 같이 부르는 방식이었다.
 그들은 즉석에서 대화하듯이 노래 가사를 만들어 불렀는데 각자의 슬픔과 서러움을 직설로 표출하지 않고 은유로 표현했다. 선소리는 독자적으로 매기고 후렴구는 다 같이 부르는 형식이 자존과 공감과 위로의 몸짓으로 여겨졌다.
 나는 공동체에서 누구도 소외되지 않고 누구도 독점하지 않는 문화를 꿈꾼다. 진도아리랑과 강강술래가 내 존재의 바닥에 깔린 덕분이다.

 좀 더 자라서는 부모님 세대의 노래를 듣고 자랐다. 노래방이나 음향 시스템 대신 젓가락으로 장단을 맞추고 밥상을 두드리며 숟가락 마이크로 노래했다.

"아~아~ 으악새 슬피 우니~ 가을인~가~요."

"바다가 육지라면 바다가 육지라면~"

"사랑이 무어냐고 물으신다면 눈물의 씨앗이라고 말하겠어요~"

주옥같은 가사가 여느 시 한 수 소설 한 편 못지않다. 맘씨가 고와서 눈물이 많던 이모, 조카들을 잘 챙겨주고 웃는 모습이 근사했던 작은아버지 부부, 강권에 못 이겨 수줍어하면서도 기어이 완창했던 엄마, 육자배기를 구성지게 불러 노래쟁이라 불렸던 아버지가 부르던 노래들이다. 지금은 곁에 안 계시거나 할아버지, 할머니가 된 그분들의 젊은 시절을 나는 노래로 기억한다. '산너울에 두~둥~실'한 소절만 들으면 작은아버지가, '오동잎 한 잎 두 잎~'한 소절만 들으면 큰이모가 생각난다. 부지런히 일하고 사람의 도리를 다하느라 온 힘을 썼던 분들. 그러다 잔치 자리에서 한 판 노래마당을 펼쳤던 분들. 이것을 나는 낭만이라 말하고 싶다.

부모님 세대의 노래 역시 진도아리랑을 부르던 형식과 다르지 않았다. 밥상을 가운데 두고 한 분이 노래를 시작하면 후렴은 같이 부르고 릴레이로 다음 분이 자신의 애창곡을 부르는 형식이다. 이것을 어른들은 '산다이'라고 했다.

한 사람도 예외 없이 애창곡을 불러야 하는 자리에서 엄마는 당신 차례가 되면 선뜻 시작을 못 하고 주저했다. 박수 장단은 계속되고 젓가락 소리가 높아갈수록 점점 빨개지는 엄마의 얼굴. 그때 건너편에 앉았던, 우리 엄마가 '아자쎄'라고 부르던 작은아버지가 첫 소절을 대신 뽑아주었다.

"아~아~ 으악새 슬피 우니~ 가을인~가요."

형수의 애창곡이라며 노래를 시작해준 아자쎄 덕분에 엄마는 가느다란 목소리로 노래를 시작하여 어렵게 완창한 후 크게 박수를 받았다. 작은아버지의 박수가 가장 컸으리라. 두 분은 45년생 해방둥이 동갑이었다. 술 좋아하는 남편 때문에 속 끓이는 형수 편을 가장 많이 들어주고 형이 외국에 있을 때 조카들 학교 행사에 가주었던 맘씨 고운 작은아버지. 두 분을 보면서 어른들의 우정을 배웠다.

어릴 때 나는 어른들이 노래 부르는 모습을 좋아했다. 술상을 앞에 두고 불콰해진 얼굴로 둥글게 모여 앉아 노래하는 그들을 곁눈으로 훔쳐보았다. 손뼉 치는 손가락은 주름지고 굽어 있었으나 표정만은 깊은 사연을 가진 주인공 같았다. 특히 작은아버지의 아련한 눈빛은 참 근사해 보였다.

그들의 노래에서 사랑은 눈물의 씨앗이요 오동잎은 가을밤에 떨어졌다. 어른이란 제 가슴에 절절한 사랑의 추억 하나쯤 간직하고 살아야 한다는 것도 배웠다. 누구에게나 주인공으로 대접해주는 노래가 있다는 것이 좋았다.

삶의 걸음걸음마다 노래가 있었다. 삶의 자리에서 그 누구도 조연이 아니라는 것을 노래로 배웠다.

임경화

이야기가 삶을 관통할 때

한강 작가의 노벨문학상 수상 소식이 날아와 구름 위에 올라 있는 기분으로 보내고 있던 날이었다.
"축하한다! 경화야. 노벨상 수상 축하해!"
평소에 낮고 차분한 목소리를 가진 H 언니가 들뜬 목소리로 전화했다. 나도 모르게
"고마워, 언니. 너무 기뻐. 너무 좋아."
이런 말이 스스럼없이 나왔다.
누가 보면 지가 노벨문학상 받은 줄 알겠다며 둘이 깔깔대며 웃었다. 한강 작가가 받아야 할 인사를 마치 내 것인 양 받은 건 한국문학에 대한 깊은 애정 때문이고, 마침 얼마 전 한강 작가의 수필 한 편을 읽은 여운이 채 가시지 않았던 때여서이다.

아버지의 서재에 꽂힌 책을 탐닉했다는 작가의 어린 시절, 새벽마다 거실에서 글을 쓰던 한승원 작가의 타이프 소리를 들으며 자

랐다는 일화가 담긴 수필이었다. 한 명의 노벨문학상 작가를 위해서는 온 마을이 필요한 것인가. 그 서재는 수많은 한국문학 작품들이 구축해 놓은 온마을이었으리라. 그러니 한강 작가 개인의 영광을 넘어서 나 같은 독자가 받아도 마땅한 축하 인사가 아닌가.

아버지의 서재도, 번듯한 책장도 없었던 내가 한국문학의 아름다움을 발견한 건 중, 고등학교 국어 교과서였다. 청록파 시인을 필두로 서정주, 김영랑, 김소월, 한용운, 이광수, 김동인의 작품을 읽었다. 거슬러 올라가 양주동이 정리한 신라의 향가, 황조가, 공무도하가를 읊으며 문학의 젖줄을 빨았다. 교과서 작품 중 많은 작가가 친일 행적이 있다는 것을 뒤늦게 알고 큰 충격에 휘청거렸지만 배고픈 아기가 엄마 젖을 파고들듯 흠뻑 한국문학을 읽어나갔다. 내가 존경한 작가들은 누구보다 치열하게 시대와 인간의 문제를 고민하고 실천하며 새로운 시대에 대한 전망을 열어가는 이들이었다.

아이들과 문학 읽는 것을 업으로 삼고 생활인으로 살아가면서 사랑이 더 깊어지고 넓어졌다. 문학으로 해결하지 못하는 일들이 현실에는 지뢰처럼 박혀 있다는 것도 인정해야 했다. 하지만 문학 안에서 현실 문제의 실마리를 찾은 적도 많았다.

김시습의 〈금오신화〉에는 젊은 유생이 귀신이 된 여인과 사랑을 나누는 이야기들이 나온다. 처음 읽을 때부터 오랫동안 별 감흥을 느끼지 못했다. 주인공의 슬픔과 명혼(冥婚) 스토리 구조가 머리로는 이해하겠는데 가슴으로 받아들이기가 어려웠기 때문이다. 불의의 시대를 살면서 선비의 지조와 의리를 지키고자 생육신으로 살아간 김시습의 분신 정도로 규정할 뿐이었다. 그러다 몇 년 전 '이생규장전'의 한 대목을 읽는데 전기가 흐르는 것처럼 날카로운 생각이 스쳐 갔다.

'이경쯤 되어 달빛이 희미한 빛을 토하며 들보를 비추었다. 그런데 회랑 끝에서 웬 발걸음 소리가 들려왔다. 그 소리는 멀리서부터 들려 오더니 차츰 가까워졌다. 발걸음 소리가 이생 앞에 이르렀을 때 보니 바로 최씨였다. 이생은 그녀가 이미 죽은 것을 알고 있었지만 너무도 사랑하는 나머지 한 치의 의심도 없이 최씨와 함께 살았다. 이생은 이때부터 인간사에 게을러져서 비록 친척이나 손님들의 길흉사에 하례하고 조문해야 할 일이 있더라도 문을 걸어 잠그고 밖으로 나가지 않았다 그는 항상 최씨와 더불어 시를 지어 주고받으며 금슬 좋게 행복한 시간을 보냈다. 그렇게 몇 년이 흘러갔다.'

이 대목에서 나도 모르게 눈물이 뺨으로 흘러내렸다. 많은 젊은이가 이태원에서 무고한 죽임을 당한 직후였기 때문이다. 자식들의 참혹한 죽음을 마주한 부모들을 보며 함께 고통을 겪던 때여서 세월호 아이들과 부모들을 떠올리지 않을 수 없었다. 그들은 〈금오신화〉의 이생처럼 양생처럼 단 한 순간만이라도 놓쳐 버린 자식을 만져보고 싶었겠구나, 귀신이라도 좋으니 내 곁에서 있을 수 있다면 영혼이라도 팔고 싶었겠구나, 하는 생각이 스쳐 갔다. 이것은 문학가의 발명이며 초혼의식이라는 것을 뒤늦게 알아차렸다.

김시습이 계유정난의 칼바람을 보며 살아남은 자의 슬픔과 자기혐오를 작품에 담아낸 것은 우리가 마주하는 현실이 훨씬 복잡다단하고 밀도 깊은 세계이기 때문일 것이다. 사랑하는 가족을 살려내지 못한 사람들이 문학에서 그 영혼을 살려낸다. 영혼과 사랑을 나누는 이야기를 빚어내어 그 영혼을 문학으로 불러오는 것이다.

모진 현실을 겪어낸 후에야 비로소 의미를 이해하게 된 작품으로는 권정생 선생님의 〈엄마 까투리〉도 있다. 숲속에 산불이 나자 엄마 까투리는 자기 품속에 아홉 마리 꿩병아리를 품고 뜨거운 불을 온몸으로 맞으며 타죽고 만다. 다음 날 까맣게 타버린 재 속에서 아홉 마리 꿩병아리들이 짹짹거리며 튀어나온다. 온몸이 바스러질 때까지 아기들을 지켜 낸 엄마 까투리 이야기였다.

모성애에 대한 지나친 찬양과 미화라고 여겨져 처음에는 받아들이기가 힘들었다. 남성 작가들의 작품에 보이는 모성 지상주의에 대한 반감이 작동했다. 어머니의 노동을 사회적 맥락에서 해석하지 않고 헌신, 희생, 은혜의 관점만으로 받아들이는 것이 못마땅했는데 〈엄마 까투리〉도 그렇게 읽혔다.

그러다 나 역시 그물에 걸린 새처럼 생각지 못한 고난을 겪게 되었다. 가까운 곳에 부모님 집이 있는 덕분에 출, 퇴근길에 엄마의 밥을 먹고 그 시기를 넘길 수 있었다. 어느 날 집에 가니 부모님이 안 계셔서 혼자 밥을 차려 먹다 퍼뜩 〈엄마 까투리〉의 한 장면이 떠올랐다.

'꿩병아리들은 그래도 / 뿔뿔이 흩어져 모이를 주워 먹다가는 / 밤이면 앙상한 엄마 까투리 곁으로 모여들어 잠이 들었습니다. / 엄마 냄새가 남아 있는 그곳에 / 함께 모여 보듬고 잠이 드는 것이었습니다./

작가가 하고 싶은 말이 뒷 장면에 있다는 생각이 뒤늦게야 들었다. 절망을 겪는 우리를 일어서게 하는 힘은 모성으로 대표되는 오래된 그 무엇이라는 깨달음도 찾아왔다. 꿩병아리들이 흩어졌다 죽은 엄마 곁으로 다시 모이듯 고통을 겪는 이들이 찾는 것은 그동안 읽었던 책, 힘을 주는 친구들, 세상에 그가 쏟아냈던 수많은 사랑의 말들. 이것이 아닐까. 나의 슬픔과 고통이 소멸하고 희망으로 잉태되는 것은 수많은 오래된 것들의 품에 우리가 있었다는 것. 그리하여 꿩병아리들이 엄마의 자리를 떠나지 않았듯 나 역시 나를 지켜주었던 오랜 만남, 오랜 책들, 오랜 말들로 기쁨과 슬픔의 소멸 과정을 거친 후 다시 태어났다.
　문학과 현실의 틈새가 아득히 먼 것처럼 느껴지다가도 현실에 문학이 깊게 개입해 있다는 것을 깨달으면 짜릿한 기분이 든다. 그렇지 않다면 2024년 계엄령 사태를 어떻게 이겨낼 수 있었겠는가?

〈소년이 온다〉를 읽겠다며 호기롭게 책을 펼친 초등학교 4학년 아이가 책상 위에 전시해놓은 한강 작가의 사진을 보더니 깜짝 놀라며 한마디 한다.
"한강이 여자였어요?"
문학과 현실의 경계가 이런 것일까?

지리산으로 달려간다

 살면서 평생 잊을 수 없는 밤을 그대는 가졌는가? 나는 지리산에서 보낸 삼 십여 년 전 어느 밤이 떠올라 슬며시 미소를 짓는다. 밤이슬이 내려 축축해진 땅에다 텐트를 쫙 펴서 깔고 몸을 누인 후 나머지 텐트를 이불처럼 덮고 별을 보며 잠들었던 그 날밤을 잊을 수가 없다. 그곳은 지리산 천왕봉 밑 장터목 대피소였다.

 대학 때 여름 방학마다 동아리 친구, 선. 후배들과 지리산 종주를 했다. 그해에는 3학년인 우리가 후배들을 이끌었다. 일정이 늦어져 장터목 산장에 일행이 도착했을 때는 늦은 저녁이었다.
 벌써 사위는 어둠에 싸여 깜깜했고 대피소는 이미 텐트로 꽉 차 있었다. 지쳐 있던 우리는 이 난감한 상황을 어떻게 해야 할지 당황스러웠다. 그때 등반대의 대장 격인 친구가 마치 남극점을 목표로 횡단 중인 아문센처럼,
 "자, 우리가 텐트를 치려면 공간도 좁고 시간도 너무 오래 걸린

다. 그러니 오늘 밤은 텐트를 깔고 덮고 해서 자도록 하자."

라고 하는 게 아닌가. 대장의 창의적 발상과 결단력, 추진력에 우리는 힘이 솟았다. 그다음은 일사천리였다. 뱀을 쫓기 위한 백반을 주변에 뿌리고 혹여 잠자리에 물이 들어오지 않도록 도랑을 팠다. 한쪽에서는 먹을거리를 준비하느라 신이 났다.

우리는 돌발 상황에 현명하게 대처하여 스스로들 마련한 잠자리에 나란히 나란히 몸을 뉘었다. 그날 우리가 무엇을 먹었는지, 어떤 대화들을 나눴는지는 기억에서 다 사라졌다.

뚜렷하게 남은 건 머리 위로 쏟아지던 여름밤 지리산의 별들이다. 살면서 그렇게 많은 별이 그렇게 가까이에서 빛나고 있는 것을 처음 보았다. 현기증이 느껴질 만큼 밝고 환하고 많은 별이었다.

몸은 천근만근인데 아름답고 감격스러운 풍경에 쉬이 잠들지 못했다. 지리산의 별들이 그날만큼은 모두 우리에게 모였을까. 우리를 밝히기 위해 대지 가까이 내려왔을까. 분명한 건 우리들의 무모하고 아름다운 젊음을 별들이 함께 하고 있었던 것이다.

여름 방학이 시작되자마자 바로 지리산 종주 계획을 세웠다. 진주 중산리를 시작으로 구례 연곡사 계곡으로 하산하는 일정이었다. 우리가 세운 지리산 종주의 목표는 '역사의 땅, 질곡의 현대사가 담겨 있는 지리산을 걸으며 내 조국의 아픔과 조국 사랑을 가슴에 담아보자'라는 거창한 구호였다.

하지만 이 구호는 중산리 종점에서 내려 40~50분이 지나면 이미 잊혀 버린다. 내 조국의 아픔보다 당장에 내 몸의 고통이 더 컸다. 가파른 능선을 올라가면 어느새 신발 위로 땀방울이 뚝뚝 떨어진다. 호흡은 응급 환자처럼 거칠어진다. 평소 게을렀던 생활 습관을 탓하기엔 너무 늦었다.

등반 첫해에는 지리산 특유의 고르지 못한 날씨를 예측하지 못해 배낭 속 짐들이 흠뻑 젖기도 했다. 지리산 등반을 생각하면 지금도 오직 비만 생각난다는 친구도 있다. 지리산에서는 거짓말도 흔했다. 헉헉대며 오르다 하산하는 사람들이 보이면 도대체 정상이 얼마나 남았냐고 묻는다. 그들은 십중팔구 이렇게 대답했다.

"네~ 거의 다 왔어요. 조금만 힘내세요~"

모두 거짓말이었다. 공인된 거짓말이 우리를 힘내게 하는 지리산의 아이러니다.

천왕봉에서 느꼈던 벅찬 감격, 세석평전에서 느꼈던 장쾌함, 연하천에서 마셨던 시원한 물맛 같은 지리산의 풍경들은 우리를 만져주는 지리산의 축복과 갈채였다. 지리산의 모든 것은 우리를 품어주었고 우리는 앞으로 앞으로 나아갔다. 뒤에 알게 되었지만 지리산은 우리뿐만 아니라 산에 드는 누구에게나 넉넉한 품을 내어주는 어머니 산이었다.

한번은 구례 연곡사 계곡에서 하산하는 길이었다. 버스 맨 뒷좌석에 등반을 끝내고 떠들썩하게 앉아 있는 우리 자리 앞에 동네 친구인 듯한 두 쌍의 노부부가 다음 정거장에서 올라와 양쪽으로 앉더니 한담을 나눴다.

"자네, 어제 감나무를 심었다고? 뭐하러 감나무를 심었는가? 나무 키워서 감을 따 먹을 때쯤에 우리는 저세상에 있을 것인데…."

그러자 친구 할아버지가 하는 대답이 내 심장을 흔들었다.

"아~ 내가 먹을라고 심었당가, 감나무가 자라서 나중에 우리 손자가 따 먹고 또 뒤에 손자가 따먹고 그러라고 심었지."

스무 살이었던 나는 장 지오노의 '나무를 심은 사람'이 실제로 있다는 것이 놀라웠다. 할아버지의 말이 성현의 격언처럼 심오하고 아름답게 들렸다. 조곤조곤 건네는 할아버지의 말이 그 후 나를 키웠다. 삼 십여 년 동안 이 말을 깃발로, 등대로 삼고 있다. 더구나 그곳은 지리산 자락이었다. 할아버지의 말도, 할아버지의 말이 실현되고 있던 지리산도 평생 나를 휘감아 도도히 흐르고 있다.

지리산의 별밤이 평생 나를 따라다니게 될 줄 그때는 몰랐다. 지리산의 굽이굽이 능선이 내 몸속으로 스며들게 될지도 몰랐다. 학교를 졸업하고 사회생활을 할 때도 결혼하여 아이들을 키울 때도 살다가 지치면 지리산으로 달려갔다.

여수에서 구례까지 두근거리며 지리산을 찾은 것이다. 구례에 들어서서 지리산 능선이 보이기만 해도 절로 숨이 쉬어졌다. 지리산 숲속에 가만히 앉아만 있어도 힘이 생겼다. 천왕봉, 반야봉, 노고단, 피아골, 뱀사골, 연하천, 벽소령. 지리산의 주 능선 이름을 되뇌는 것으로도 가슴이 뛴다.

지리산에 들면 우리도 지리산처럼 멋있어졌다. 특히 선배들이 보여줬던 헌신과 리더십은 지금 생각해도 기이하다. 텐트 안으로 물이 스며들어 오고 한기가 들어차 너무 추웠던 어느 해 밤새 잠들지 않고 버너로 추위를 쫓아준 선배가 있었다. 술을 진탕 먹고 모두 늦잠을 자고 있는데 누구보다 일찍 일어나 전날의 질펀했던 술자리를 정리하고 아침을 준비해 놓았던 선배도 있었다. 그들도 기껏해야 이십 대 초반의 젊은이였을 텐데 그렇게 성숙한 영혼을 보여주었는지 놀랍기만 하다. 우리는 지리산에서 모든 것을 학습했다. 우리가 딛고 있는 땅, 우리가 함께할 사람, 우리가 그려가야 할 미래를 말이다.

어느덧 오십 중반을 넘긴 우리는 모이기만 하면 지리산의 나날을 이야기한다. 우리를 굽어보고 지켜주었던 지리산을 말이다. 그때 우리는 완벽한 젊음을 지리산에서 실현했다.

정다운 나의 겨울 친구

흰 밥과 가재미와 나는
우리들이 같이 있으면
세상 같은 건 밖에 나도 좋을 것 같다.
- 백석 '선우사' 중에서-

워낙 음식에 대한 시를 많이 남긴 백석이지만 그중에 특히 이 시가 좋다. 쓸쓸한 듯 충만하고, 외로운 듯 소븟한 세계가 저절로 그려지는 데다 나에게도 백석처럼 다정한 반찬 친구가 있기 때문이다.

재작년 겨울이었다. 6학년 서윤이가 들어서자마자 커다란 검정 비닐봉지를 툭 내려놓더니 엄마 심부름으로 가져왔다고 퉁명스럽게 말한다. 내키지 않는 심부름을 한 것이 역력했다. 돌산 군내리에서 40분 이상 버스로 왔을 텐데 사춘기 소녀에게 검정 봉지 심

임경화

부름이 웬 말인가?

가져온 봉지를 열어보니 세상에! 파릇파릇한 시금치가 한가득하다. 방금 캐 온 것인지 흙도 약간 묻어있고 물기가 살짝 맺혀 있는 싱싱한 돌산 시금치였다. 나는 반색을 하며,

"어머나, 어머나! 돌산 시금치라니! 정말 고맙다. 서윤아, 이 귀한 걸!" 하자 서윤이는 당황하는 것 같았으나 예의 시크한 웃음을 내뱉으려다 참는다.

나의 호들갑에는 그만한 이유가 있다. 내가 제일 좋아하는 반찬이 시금치나물이다. 더구나 겨울에 먹는 시금치를 최고로 친다. 돌산 시금치는 그중 으뜸이다. 군내리에서 서윤이 엄마가 직접 키운 시금치를 만났으니 그 기쁨이 얼마나 컸겠는가. 집에 가자마자 다른 일은 다 제쳐 두고 시금치 다듬는 일부터 했다. 시금치를 사랑하는 사람으로서 손질도 허투루 할 수 없다. 뿌리에 약간 남아 있는 흙을 제거하고 젖은 잎 등을 떼어내는데 워낙 싱싱해서 상당한 양인데도 손질하는데 품이 많이 들지 않는다.

돌산 시금치의 뿌리는 여느 시금치보다 분홍빛이 선명하다. 다디단 무를 먹을 때처럼 단맛이 돌아 다른 곳의 시금치가 흉내 낼 수 없는 맛이 난다. 순전히 분홍빛 뿌리 덕분인 것 같다. 돌산의 영양가 좋은 흙에서 잘 자란 티가 뿌리에 또렷이 남아 있다.

작지만 옹골찬 뿌리가 흙 속으로 흙 속으로 뻗어 내려가 최선을 다해 영양분을 빨아들여 온몸으로 보내고 마침내 푸릇하고 싱싱한 시금치를 만들어 낸 것이다. 뿌리가 보낸 영양분과 수분을 잘

갈무리 해서 가을, 겨울 햇빛을 온몸으로 모아 푸른빛을 만들어 낸 싱싱하고 파릇한 잎들도 고맙다. 겨울 해풍이 돌산 언덕배기를 휘돌아 감아주었을 거고 가을비와 겨울비가 달큰하게 내려 주었을 것이다. 돌풍의 시간도 있었을 것이다. 그 언덕배기에서 일어난 모든 일을 시금치의 온몸이 기억할 것이다. 나는 그래서 시금치를 다듬는 게 아니라 돌산 언덕배기의 바람과 햇빛과 붉은 흙과 그리움을 만지고 있는 거다.

시금치나물은 재료만 좋으면 특별히 요리 솜씨를 타지는 않는다. 팔팔 끓는 물에 살짝 데쳐 내야 하는데 데치는 시간은 늘 망설임의 시간이다. 지금 건질까, 더 둘까 궁리한다. 주부 경력이 늘어가는데도 시금치나물 데치는 시간은 왜 능숙해지지 않는가. 건지자마자 차가운 물에 헹구는 것만큼은 민첩하고 날렵하다. 다음은 일사천리로 마늘을 빻아 손으로 조물조물 무친다. 액젓을 넣을 때도 양을 잘 타협해야 한다. 협상가의 눈으로 용의주도하게 양을 가늠해서 액젓의 양을 계량해야 한다. 언제나 성공적인 것은 아니지만 오늘은 그리 걱정하지 않아도 된다. 내 손엔 명품 돌산 시금치가 있으니까. 그러니 마늘, 액젓, 참기름이 명품이 아니어도 된다.

이렇게 무친 시금치나물을 접시에 정갈하게 담는다. 현란한 무늬가 없는 하얀 색 접시를 선택한다. 화룡점정으로 깨를 휘리릭 뿌리면 완성이다. 음식을 완성한 후 깨를 뿌리는 행위 자체가 은근히 카타르시스를 준다. 깨는 모든 음식에 축복과 갈채를 주는 존재다. 색깔 별로 깨가 있어서 음식마다 어울리는 깨를 뿌려 줬으면 좋겠다고 생각한 적도 있다. 오늘은 깨 본연의 색깔로도 충분하다. 시금치의 초록빛을 하얀빛의 깨가 더 빛나게 해줄 테니까.

식탁 위에 한 접시 시금치나물을 올려놓았다. 오로지 나를 위한 음식이다. 고맙게도 가족 중 아무도 시금치를 즐겨 하지 않기 때문이다. 오직 나를 위한 한 그릇의 시금치나물이 온 대지와 함께 만들어졌다니.

어렸을 적부터 시금치나물은 내가 독점했다. 식탐이 많은 탓도 있었지만 웬일인지 나랑 같이 밥을 먹는 사람들 대부분은 시금치나물을 좋아하지 않았다. 특히 대학 때는 더 그랬다. 점심시간에 학교 뒤에 있는 식당에 백반을 먹으러 가면 한창 식욕 왕성한 나이인 내 친구들은 아무도 시금치나물에는 손을 대지 않았다. 옳다구나 하면서 맛있게 먹었다. 시금치와 가장 어울리는 친구는 따뜻한 흰 밥이다. 다디단 하얀 쌀밥 위에 짭조름하고 고소한 시금치나물을 올려 먹으면 입 안에서 마늘 향과 참기름 향이 퍼지면서 꿀떡꿀떡 밥이 잘 넘어갔다. 너무 맛있어서 "왜 이리 맛있대, 왜 이리 맛있대…"를 연발했다.

친구들에게는 도통 맛없는 시금치나물을 내가 너무나 맛있게 먹는 모습을 보고는 "왜 이리 맛있대, 왜 이리 맛있대…"라면서 따라 하곤 했다. 전남권의 전 지역에서 학생들이 모이는 학교라 여수 말투가 일본 말투나 경상도 말투 같다면서 한동안 내 말을 따라하기도 했던 친구들이다. "내가"를 여수에서는 "나가"라고 발음

하는데 그게 여수만의 말투라는 것을 민속학 시간에 처음 알게 되었던 때다. 그 친구들도 이제 나이를 먹어 시금치나물을 맛있게 먹는다. 시금치나물을 뺏겨 아쉽지만 내 친구들도 시금치나물을 사랑하게 되어서 좋다.

지금처럼 식자재가 넘쳐 나지 않았던 시절에 겨울 밥상을 시금치나물이 파릇하게 밝혀 주었을 것이다. 온 대지가 침잠해있던 겨울에 오직 시금치만이 푸르게 돋아났다. 작은 뿌리로 얼어있는 땅에서 수분과 영양분을 얻어 온몸으로 보낸 작은 생명의 증거, 시금치. 누구의 도움도 받지 않고 스스로 살아낸 내 작은 친구, 돌산의 겨울 해풍 속에서 잘 자라난 돌산 시금치. 뿌리의 분홍빛부터 잎과 줄기의 초록빛까지 온몸이 경이롭고 아름답다.
나는 시금치를 다정한 친구로 꼽으면서 잠시 시인 백석을 흉내 내 본다.

'흰밥과 시금치와 나는
우리들이 같이 있으면
세상 같은 건 밖에 나도 좋을 것 같다'

이번 겨울에도 서윤이가 돌산 시금치를 가져오길 간절히 기다린다.

제주출생

동화구연가

제10회 제주 MBC여성 백일장 '장려상'

(주)현대자동차 기행문 공모전 '금상'

도서출판 풀빛 독후감 대회 '금상'

제1회 새마을문고중앙회 글짓기대회 우수

〈문학고을〉 신인문학상 수상 〈문학고을〉 등단(2025)

오순아

상애떡
그녀의 마당
황리단길에서 타로점을 보다
이불 홑청과 재봉틀

상애떡*

내게는 하얀 여름날의 낮잠 같은 추억이 있다.

빼액빼액 찌르르 시끄럽게 소리를 질러대던 매미 소리도 지쳐버린 한낮, 화단의 흰 백합도 시들시들 졸고 있다. 마루의 선풍기는 힘겹게 날개를 돌리며 더운 바람을 토해내지만 탈탈거리는 소리부터가 제구실하기에는 이미 틀렸다. 여름은 원래 그렇다. 햇볕은 마당을 달구며 아지랑이를 피워올려 자꾸만 어질어질 어지럼이 나게 했다. 무얼 해도 심심한 어린 나는 괜히 냉장고 문만 자꾸 여닫다가 엄마에게 잔소리를 듣고 풀이 죽어서 울상이 되었다.

심심해하는 내게 상애떡을 만들어 주신다며 엄마는 빨간 고무다라이를 씻어 닦으셨다. 중앙상회에서 막걸리 한 병과 우유 한 통을 사 오라는 심부름을 다녀오니 엄마는 벌써 씻어놓은 다라이에 밀가루를 채로 내리고 계셨다. 곱디고운 흰 가루가 소복이 내리는 아래로 손을 받치면 너무도 가벼운 데다 촉감마저 부드러웠다. 온통 하얗게 가루를 뒤집어쓴 작은 손으로 자꾸만 장난을 쳤지만 엄마는 나무라지 않으셨다.

　보드라운 가루가 다 내려지는 것을 보고 나는 작은 손을 탁탁 털고 일어나 엄마 시중을 들었다. 설탕통 뚜껑을 열어 오목하게 오그린 엄마 손에 흰설탕 몇 스푼을 덜어 놓고는, 사각거리는 설탕 한 꼬집을 집어 혀끝에 올려보았다. 입안에 퍼지는 달콤함이 무화과나무 잎사귀에 부서지는 햇살 같았다.

　지루하기 짝이 없는 계절에도 누구나 가끔은 설탕 가루의 강렬한 달콤함 같은 기억들이 있을 것이다. 막걸리 뚜껑을 열자 훅! 하고 올라오는 쿰쿰한 냄새에 나는 "으읔"하고 인상을 썼다.

　그 표정을 보신 엄마는 하얗게 웃으며 막걸리가 반죽을 부풀어 오르게 할 것이라 하셨다. 가루 위로 부은 우유와 막걸리는 부드러운 밀가루 언덕에 골짜기를 만들며 내려왔다. 섞일 것 같지 않던 하얀 가루와 흰 액체들은 엄마의 손끝을 타고 어우러지면서 하나가 되었다. 하얀 반죽 덩이는 말랑하고 촉촉해지면서 폭신해졌다. 엄마는 반죽의 엉덩이를 톡톡 두드린 다음, 조심해서 비닐을 덮었다. 그 위에 두꺼운 밍크 담요를 뒤집어씌운 후 볕 뜨거운 평상으로 옮겨놓으셨다.

　담요 안에서 일어나고 있는 일이 궁금하여 나는 자꾸만 담요를 열었다. 그런 내게 엄마는 그만 좀 들척이라는 말씀하셨다. 나는 뾰로통한 표정으로 반죽 옆에 앉아 담요 안에서 나는 소리에 귀 기울였다. 톡톡 소리가 나는 것도 같고 슈우 하고 숨소리가 들리는 것 같기도 했다. 엄마는 한참을 기다려야 한다고 했다.

　기다림이 무척이나 힘들었던 어린 나는 오후의 해가 만들어 놓은 평상 그늘에 누웠다. 딱딱한 나무 평상은 열기가 식지 않아 뜨뜻했고, 더운 바람 탓에 진한 무화과 향은 더욱 달짝하고 끈적했다. 올려다본 하늘의 흰 구름이 밀가루 반죽 같다고 생각했다. 한여름의 해는 너무도 길어서 어린아이의 더디 가는 시간 들로는 쉬이 채워지지 않는다.

깜빡 잠이 들었다. 풍선처럼 부풀어 오른 반죽의 숨소리를 꿈결에서 들은 것 같기도 했고, 달그락거리는 소리가 들린 것 같기도 했다. 맛있는 냄새가 코끝을 간지럽혀 눈이 떠졌을 때는 부엌의 찜기에 김이 오르고 있었다. 화들짝 일어나 부엌으로 갔다. 화구의 열기로 땀이 송송한 엄마는 다 쪄낸 상애떡을 채반에 꺼내 주셨다. "앗, 뜨거!" 무심코 손을 댔다가 화들짝 놀랐다,

엄마는 뜨거운 빵을 뜯어 후후 불어 식혀서 내 손에 쥐여 주셨다. 인상을 찌푸리게 했던 막걸리 냄새는 사라지고 누룩 향이 은은하며 담백한 맛과 풍미가 가득했다. 자꾸만 손이 갔다. 현무암 돌담처럼 구멍 숭숭한 빵을 베어 물 때마다 폭신하고 촉촉하며 슴슴한 맛이 달지도 않은데 깊은 맛이 전해진다.

오후의 그림자는 점점 길어졌고 해가 뉘엿뉘엿했다. 매미들도 낮잠을 자다 깼는지 빼액 빼액 찌르르 다시 악을 써댔다.

희디흰 것들로 반죽을 하고, 하얗게 내려앉는 여름 볕을 빌려 발효를 하여, 흰빛의 면포를 깔고, 쉭쉭 하얀 김으로 포슬포슬 하얗게 쪄내는 떡. 서리꽃을 닮았으나 햇볕처럼 뜨거운 상애떡은 어린 날 한여름 오후의 낮잠 같은 것이었다.

달게 한숨 자고 일어나면 지루한 오후가 지나듯, 상애떡을 만들어 먹고 나서야 길고 긴 여름을 건너는 기분이 들었다. 쿰쿰한 막걸리 냄새도 엄마의 시간을 빌려 향긋하고 맛있어지는 것처럼, 살면서 맞서야 할 여름날 같은 모든 것들도 시간으로 잘 익어 향긋한 그리움과 추억이 된다.

오래전 그날의 엄마처럼 나도 여름의 한가운데서 포슬포슬 상애떡을 만들어 찐다. 냉동고에 꽉꽉 채워 넣고 여름 태양처럼 뜨거움을 끌어안아야 하는 날, 하나씩 꺼내 먹으며 어린 날의 하얀 여름을 떠올린다. 달콤하지도 않고 그저 슴슴한데 자꾸만 달게 먹는 하얀 그것으로 여름은 견딜 만한 계절이 된다.

* 상애떡은 원나라의 상화병에서 유래한 음식이라고 한다. 서리가 내려앉은 꽃처럼 하얀 떡이라고 하였는데 옛날 제주에서는 쌀이 귀하여 밀가루나 보릿가루로 막걸리 효모를 넣어 빵을 만들어 먹었다고 한다.

그녀의 마당

 골목을 걷다가 잘 가꾸어진 마당을 보면 주인은 어떤 사람일까 궁금해진다. 마당은 주인을 닮아가는 법이니까. 잔디가 말끔한 초록 마당은 절제되고 이지적인 주인의 성품을 짐작하게 하고, 귀여운 꽃들이 예쁜 뜰은 섬세하면서도 따뜻한 눈빛의 주인을 떠올리게 한다.

 아파트에 살던 그녀가 주택을 짓고 이사를 한 것은 두어 해 전의 일이다. 평소 식물을 좋아하여 아파트에서도 키 큰 떡갈고무나무며 화초를 여럿 두고 가꾸던 그녀다. 주택으로 이사를 하더니 아니나 다를까 앞마당에 여러 가지 꽃들을 심기 시작했다. 가게 일로 늘 바쁘면서도 새벽잠을 아끼며 마당을 꾸미는 일에 퍽이나 열심이었다.

 오월 햇살이 좋은 어느 주말이었다.

 그녀는 봄꽃이 만개했다는 소식과 함께 한번 보러오지 않겠냐고 조심스럽게 물어왔다. 코로나가 단계적으로 일상 회복 중이라 여전히 조심스러웠지만, 흔쾌히 대답하고 시내에서 조금 떨어진 그녀의 집으로 향했다.

  오랜만의 만남이라 약간의 긴장과 흥분상태로 대문을 여는 순간 나는 멈칫, 숨이 막히는 것만 같았다. 담장에 가득 피어난 붉은 장미는 화려함의 무게로, 기어오른 높은 벽을 그대로 밀어서 쓰러뜨릴 듯이 위태로웠다. 절정으로 피어난 키 작은 꽃들은 서로 자기를 보아달라고 아우성이었다. 꽃들이 소리 없이 이렇게 소란할 수도 있구나! 하는 생각이 들었다. 낮달맞이꽃, 튤립, 라벤더, 루피너스…. 마당에 단단하게 뿌리내리고 살아가는 생명이 아니라 오직 화려하게 웃어내는 것이 유일한 임무인 듯 가여운 꽃들은 표정이 없는 가짜 같은 느낌마저 들었다. 꽃을 보고 슬플 수도 있다는 것을 알았다. 화려한 마당에서 팽팽하게 아슬아슬한 그녀가 보이는 것은 왜일까. 웃으며 음료를 내오는 그녀가 불안했다. 식물의 이름을 묻기도 하고, 팬데믹을 건너는 일상을 이야기하다가 우리는 그녀의 속을 들여다보게 되었다.

  가족도 알아보지 못한 채 요양병원에서 누워만 계신 친정아버지를 면회할 수 없게 된 시간이 꼬박 삼 년째라고 했다. 막내였던 자신을 유난히 이뻐하시던 아버지를 이사한 새집으로 한 번도 모셔보지 못한 안타까움쯤은 아무것도 아니었다. 밤새 위급상황을 여러 번 넘겼던 어떤 날은 유리창 너머 아버지의 손을 잡아볼 수도 없어 목구멍이 바짝바짝 타올랐다고 했다. 그런 날 아침이면 그녀는 잉걸불처럼 붉게 열이 올랐지만 어김없이 가게 문을 열어야 했다. 속이 문드러지면서도 상냥하게 웃으며 손님을 응대해야 하는 지리멸렬함이 내게는 다 보였다.

꽃이 피면 그녀의 마음도 덩달아 도담스럽게 피어낼 것이라 믿고 싶었으리라. 해야만 하는 많은 일과 지켜내야만 하는 사람들을 생각하며 틈을 쪼개고 쪼개어 빽빽이 꽃을 심어낸 그녀의 속수무책이 그 마당에 있었다.

며칠이 지나고 큰비가 내렸다. 봄비도 아니고 장맛비도 아닌 비가 종일 세차게 내리는 날 그녀의 아버지가 떠나셨다. 이제는 정말로 면회할 수 없는 곳으로 떠난 아버지의 식어버린 손을 잡으면서 눈물도 나지 않았지만, 오목가슴이 아파 숨이 잘 쉬어지지 않았다고 했다. 장례라도 치를 수 있는 것이 다행이라고 말하며 그녀의 눈은 밝게 웃었지만 KF94 마스크 안에서 입술을 깨물고 있을 것만 같았다. 검은 상복을 입은 그녀를 보면서 나는 며칠 전 화미(華美)했던 그녀의 마당을 생각하고 자못 울울하였다.

다시 그녀의 마당을 찾았다. 손을 대면 바스러져 버릴 것만 같은 그녀만의 시간이 흐르는 동안 수척했지만, 엷은 미소의 그녀는 오히려 편안해 보였다. 그녀의 뒤로 울타리 가득 넘쳐나던 장미 넝쿨이 말끔하게 손질되었고, 마당 가득 피웠던 꽃들도 솎아냈는지 다문다문 여유롭고 홀가분하다.

"장미 넝쿨이 너무 지쳐서 다 쳐내었어. 한동안 그냥 두었더니 시들어버린 것이 많네. 그런 것들은 포기를 덜어 옆집에 분양했어."

묻지도 않은 이야기를 한다.

장미 넝쿨이 아니라 그녀의 마음이 지쳤던 것일 테지. 섬벅섬벅

가위질하면서 이제는 그만 놓아야 하는 인연을 생각하고, 자존심 강한 꽃들을 뽑아 포기를 나누면서 내려놓고 싶은 어깨짐들을 생각했을지도 모르겠다. 고우라고 틈마다 꽉꽉 채워 놓았던 붉고 노란 꽃들은 어쩌면 그저 꽃들이 아니었을 것이다.

까만 흙인 채로, 빈 땅 그대로 여백을 주는 것도 나쁘게 보이지 않았다. 누구든, 어떤 씨앗이든 떨어져 그녀의 마당에서 터를 잡고 뿌리내리는 것을 바라보는 것도 좋을 것이다. 나의 그녀, 그렇게 비우는 것이 먼저였을 테다.

데이지와 하늘매발톱이 아직 꽃대를 올리고 있고 능소화가 소심하게 개화를 시작했다. 조금씩 세월의 흐름에 따라 그녀의 마당이 그녀의 마음과 함께 천천히 채워갔으면 좋겠다.

황리단길에서 타로점을 보다

 희붐한 풍경을 보며 창문을 열었다. 춥스름한 공기가 훅하고 밀려 들어오는데 뒤로는 새벽안개가 박명을 감싼 채 봉황대를 치감고 있었다. 동생들의 잠을 깨우지 않으려 인기척을 내지 않은 큰언니도 창문가로 와서 함께 밖을 내다보며 입을 열었다.
 "왕릉 위에 나무가 참 엄부랑[6]하네!"
 봉황대 위에 위엄있게 서 있는 몇 그루 노거수가 안개 속에서 신령스러워 보였다. 거인의 사발을 엎어놓은 것처럼 거대하고 돋올한 봉분도 그렇지만, 그 위에 떡하니 자리 잡은 몇 그루의 늙은 나무도 퍽 인상적이다. 잠깐 사이에 해가 오르는 듯하더니 삽시간에 안개를 밀어냈다. 거대한 왕릉 위에 의초로이 자라고 있는 느티나무와 팽나무가 선명해졌다. 창가의 돋을볕에 감실감실 주름진 언니들의 얼굴이 반짝거렸다. 입가 골 주름 따라 스며있는 언니들만의 세월도 함께 반짝였다.

---
6) 엄부랑하다 ; '어마어마하다'의 방언

저 나무들은 자기가 서 있는 곳이 어디인 줄 알았을까. 무덤인지도 몰랐을 커다란 언덕배기에 뿌리도 내리지 못해 겨우겨우 흙을 움켜잡고 바들거리던 시절부터, 가지를 뻗어도 닿을 듯 말 듯 한 거리에서 서로의 우듬지를 바라보며 응원하고 위로했을 나무들.

잎과 가지를 제법 무성하게 올려내던 해에는 소소소 바람 소리로 함께 기뻐했다. 잎을 피워내지 못하는 때에는 그저 몸통을 키웠고 지독한 가뭄에 아무것도 못 하는 어떤 날에는 뿌리를 더 깊이 내렸다. 대지를 한꺼번에 쓸어버릴 비바람에는 단단히 흙을 움켜쥐라고 외치면서 결국은 함께 위풍당당해진 그들을 보며 나는 마음이 숙연했다.

어제저녁 우리는 황리단길에 갔었다.

어둠이 내린 지 한참이 지났지만, 거리는 가로등과 조명으로 환했고 삼삼오오 들뜬 여행자들의 얼굴은 즐겁고 행복해 보였다. 목적 없이 나란히 걷던 우리는 타로, 사주, 신점 간판이 즐비한 골목으로 접어들었다.

큰언니는 젊은 날에 신점이나 관상을 보기도 하였으나 지금은 신뢰하지 않는다고 말했고, 둘째 언니는 신년 운수나 사주를 재미 삼아 가끔 본다고 했다. 나는 수학여행 나온 학생처럼 호기심이 일었다, 타로점을 체험해 보고 싶다고 졸랐더니 내키지 않는 표정을 지으면서도 언니들은 막내의 응석을 받아주듯 공간 안으로 함께 들어갔다. 역술인은 테이블 위에 엎어 놓은 카드에서 차례차례 두 장을 뽑게 하더니 그 카드를 보면서 풀이를 해주었다.

처음 카드는 머리를 쪽진 단아한 여인의 그림이었는데 나를 지켜주는 수호신이 있다고 했다. 그리고 두 번째 카드의 커다란 나무 아래 노인을 보고 "말년 운이 참 좋습니다."라고 했다. 궁금한 것을 물어봐도 좋다고 했는데 생각해 둔 것이 없어서 머뭇거리자 공간의 주인은 "지금 하는 일이 잘 맞아요. 열심히 하면 머지않아 좋은 결실이 맺힐 겁니다."라고 했다. 오래 하던 일을 정리하던 중이라 당황했지만 처음으로 운세 상담을 받은 기분은 나쁘지 않았다.

"복채까지 주면서 들을 말은 아닌 것 같구나. 누구나 할 수 있는 말이잖아?"

밖으로 나오면서 언니들은 말했고, 우리는 함께 웃었다.

저 나무들도 다가올 날들을 알 수 없어 불안해하며 날아드는 지혜로운 새들에게 묻고 싶었을 때가 있지 싶었다. 그리고 숨이 쉬어지지 않아 힘겨운 어느 날은 지나가는 바람에게 자신의 운명을 점쳐달라고 울었을지도 모른다. 하지만 결국에는 스스로 살아내는 것뿐이라는 것을 나무들은 알게 되었을 것이다.

뿌리내릴 곳을 스스로 선택할 수도 없지만 운명을 불평하지 않는 나무처럼 그렇게 나이 들어가면 될 터이다. 볼품없고 나약하던 나무는 세월을 입으며 굵게 자라고 우람해진다. 뿌리가 움켜쥔 그곳이 무덤이든, 혹은 벼랑 끝이든 꺾이지 않고 뽑히지만 않는다면 자기만의 모습으로 자라 무성해질 것이리라. 서서히 밤이 길어지고 아침이 더디게 오는 계절이 되면 나무는 떨겨층을 만들어 이파리를 내리며 동면에 들어갈 것이고, 다시금 따스한 봄날을 기다릴 것이다.

조급해하지 않고 쉬어야 할 때를 알고, 분주하게 잎을 밀어 올려야 할 때를 놓치지 않을 나무들. 팔 벌려 한껏 비를 맞을 때는 그 시원함에 몸을 파르르 떨며 행복에 젖기도 하고, 여름 볕에 한 자씩 성큼성큼 자라기도 하면서 나이 들수록 나무는 더욱더 멋져질 것이리라.

타로 카드의 나무 아래 노인을 생각한다. 흰 수염을 길게 늘어뜨린 인자한 노인은 나무의 전령이었을까. 각각의 자리에서 애써 살아낸 나의 언니들이 봉황대의 노거수를 닮았다. 손 닿지 않을 만큼 거리를 두고 지내면서도 언니들의 우듬지를 우러르는 나는 그것으로 충분히 운이 좋을 것임을 안다.

햇살이 방안 깊숙하게 들어왔다. 봉황대의 나무들이 오늘의 즐거운 여정을 점쳐주듯 이파리를 반짝인다.

이불 홑청과 재봉틀

아침 공기가 산도록[7]하다. 한낮의 햇볕도 수굿해지고 계절이 바뀌는 것을 느끼니 허우룩함이 앞선다. 여름내 함께한 까끌까끌한 이불도 이제는 정리할 때가 되었다.

붙박이장 아래에 하얀 이불 홑청을 발견했다. 옹송그린 채 오래 있던 그것은 잔뜩 구김이 가서 눈부시게 하얀 색깔마저도 창백하게 느껴졌다.

큰아이가 태어나기 전 엄마가 손수 만들어 주신 아기 이불 홑청이다. 엄마는 당신의 외손녀를 품어야 할 이불이라서 특별히 좋은 솜을 얇게 태우고 부드러운 면포를 끊어 이불을 지어주셨다. 그 이불 위에서 아기는 나와 눈을 맞추며 옹알이했고, 어떤 밤에는 열이 오르내려 이불을 축축하게 적시기도 했다. 이불이 작아질 무렵 아이는 제 동생에게 그 자리를 내주었고, 작은 아이도 그 이불 모서리를 입으로 끌어당기며 까르르 웃기를 잘했다.

---

7) 산도록하다 : 조금 차거나 선선한 느낌의 제주 방언

작은 네모 안에서 뒤집기를 시작한 내 아이들의 첫 기억을 품어준 이불은 내 엄마의 손길이 묻어있기도 해서 몇 차례 이사하는 동안에도 줄곧 따라다녔다.

그러다가 몇 해 전, 솜틀집을 알아내어 솜을 다시 타고 침대 크기에 맞는 이불로 다시 만들었다. 그러면서 홑청은 차마 버리지 못해 붙박이장 안쪽에 접어 두었다.

이불 홑청을 펼치며 오랜만에 재봉틀 앞에 앉았다. 아가 이불 홑청은 빨고 햇볕에 널기를 수없이 반복했어도 질 좋은 원단 덕에 말짱했다. 홑청의 구김이 간 부분을 손으로 잡아당기며 주방의 오븐과 전자레인지의 크기에 맞게 재단했다.

덮개를 만들 작정이다. 밑실을 북집에 잘 맞춰 끼워 넣고, 윗실을 순서대로 꿴 다음 돌림 바퀴를 돌려 밑실 끝을 뽑아 올렸다. 적당하게 뽑아낸 두 가닥의 실은 머리를 쓸어 넘기듯 뒤로 보내고 옷감을 바늘 밑에 밀어 넣었다. 약간의 시접을 넣고 그 위에 바이어스 레이스를 올려서 '탁' 소리 나게 노루발로 눌러준 후 가볍게 재봉기를 돌렸다. '드르륵' 경쾌한 소리를 내더니 땀땀이 바느질되었다. 얇은 옷감이라 걱정했는데 우려했던 것보다 바늘땀의 장력도 적당하고 말끔하게 만족스러웠다.

그간 나는 노안이 진행되고 바늘구멍이 잘 보이지 않아 재봉기에 한동안 손을 대지 않았었다. 아이들의 교복 밑단과 청바지 길이를 수선하는 용도로 재봉기를 돌렸던 것도 벌써 수년 전이다.

오랜만에 재봉틀 앞에 오래 앉아 있노라고 괴저 증상처럼 감각이 없어진 다리를 움직였더니 그곳에 내 혈관이 분포되어 있었음을 확인이라도 시켜주듯 찌릿찌릿 저렸다.

어리어리한 감각이 다리에서 느껴지는데 이상하게 가슴이 아린다. 가슴 통증을 앓다가 떠나신 엄마는 가끔 심장 옆 어디쯤의 통증으로 내게 온다.

내 어린 시절에도 엄마는 종종 재봉기를 돌리셨다. 색깔 좋은 덮개며 커튼도 시장에 넘쳐나서 자족해서 쓸 필요가 없었지만 엄마는 많은 것을 손수 지으셨다. 장날이면 고운 천을 떠다가 이것저것 재단을 하고 바느질하는 엄마 옆에서, 어린 나는 드르륵거리는 소리와 함께 촘촘하면서도 깔끔하게 박음질 된 것을 보며 정갈하고 꼼꼼한 엄마를 닮았다고 생각했다.

열두 달 실타래처럼 돌아가는 숱한 문중의 대소사는 물론, 바깥일로 바쁜 아버지를 대신한 농사일은 엄마의 작은 어깨를 짓눌렀다. 그보다 더 엄마를 힘들게 한 것은 무례한 사람들의 말에 부화뇌동 방자한 이들이었다. 아버지가 성안 집 4대 독자의 양자로 들어가고, 연로하셨던 문중의 증조부께서 얼마 없어 돌아가시고 나니 종친들의 말은 한참 동안 불경하였다. 사람들 마음이 다 내 맘 같지 않아 쓸쓸하여 아무 소리도 듣고 싶지 않을 때 오직 한가지 기계음에 집중하며 재봉기를 돌렸을 엄마의 마음은 어떠했을까.

윗실과 밑실 장력의 균형이 적절치 않으면 실이 끊어지거나 제대로 엮이지 않아서 바느질이 엉망이 되는 것처럼 모든 세상의 섭리도 그와 다르지 않을 테다. 적당한 힘이 절제와 균형 속에 조화를 이룰 때 비로소 평안함에 이르러 가장 보기 좋은 경지에 이를 수 있을 것이다.

줄지어 정갈하게 박힌 바늘땀이 엄마 마음에 쏙 들었을까. 아니면 조용히 앉아 박음질하는 동안 드르륵 하며 돌아가는 재봉기 소리가 엄마의 마음을 편안하고 경건하게 해주었을까. 바느질하는 동안은 눈과 귀와 손끝을 집중해야만 하기에 모든 것을 잠시 잊는 순간이 위로되었을 것이다. 윗실과 밑실을 알맞게 조율하며 가장 보기 좋은 바늘땀을 정갈하게 박아내던 그때도 엄마의 가슴에는 이미 통증이 자라고 있었을지도 모르겠다.

완성된 하얀 덮개는 씁쓸한 마음을 달래던 젊은 시절 엄마의 손길과 내 아이들의 어린 숨결과 그날의 그리움을 다 품었다. 그렇게 하얗게 흰빛으로 애써 살던 엄마가 보고 싶다.

고루하게 버티던 고집 센 여름도 이제 지나는가 보다.

여수출생, 전남과학대학교졸업

태권도관장 35년 근무

22년 시와늪 신인문학상 수상

시와늪 65집 작가상 수상(시 부문)

시와늪 문인협회 정회원

동부수필 회원

백이석

빈센트 반 고흐의 숨결을 찾아서
용궐산 하늘길 오르며
제주도 참새 할매

빈센트 반 고흐의 숨결을 찾아서

고흐의 마지막에 남긴 말 중에 "슬픔은 영원히 지속된다"라는 말이 귓가에 맴돈다. 감정을 색깔로 남긴 그의 발자취와 흔적을 찾아 발길을 옮긴다.

화폭에 담은 풍경과 숨결이 숨 쉬는 마을, 오베르 쉬르 우아즈(Auvers Sur Oise)는 파리에서 북쪽으로 약 30km 떨어진 곳에 있었다. 고흐가 1890년 7월 29일 37세의 짧은 생을 마감할 때까지 약 70일 동안 살았던 조그마한 마을이다.

파리 여행 중 한인 민박집 사장께서 추천해 주신 여행지다. 여러 가지 방법이 있으나 지하철 3호선 타고 파리 생 라자르역(Gare Sainr Lazare)에서 내려 퐁투아즈(Pontoise)행 열차를 탄다. 아마도 종점인 듯하다. (35~40분 소요).
퐁투아즈(Pontoise)역에서 하차. 페르상 보몽(Persan-Beaumon)

행 기차를 갈아타고 오베르 쉬르 우아즈(Auvers Sur Oise) 13~15분 소요)에서 내린다. 퐁투아즈역에는 오베르 쉬르 우아즈행 기차 플랫폼을 안내하는 화살표가 있다(보통 11번 플랫폼이지만 반드시 확인이 필요하다). 열차표는 생 라자르 역에서 오베르 쉬르 우아즈행 편도 4.76 왕복 9.52유로 끊는다(2016.7.10. 기준).

도시의 분주함에서 벗어나 화가의 마지막 숨결이 깃든 곳을 걷는다는 것만으로도 뭔가 경건해지는 느낌이 든다.

지금은 반 고흐 기념관이 된 라부 여인숙(Maison De Van Gogh)은 반 고흐가 짧게 머물다가 생을 마감한 곳으로 2층에는 그의 고단했던 하루를 품어주던 작은 방이 있다. 작은 창문을 통해 들어오는 햇살이 가늘게 비치는 작고 초라한 그 방을 가만히 보고 있으면 권총 자살을 시도한 후 바로 죽지도 못하고, 이틀 후에야 그 고통을 끝낼 수 있었던 비극적인 삶을 산 위대한 예술가에 대한 연민이 멈추지 않는다.

열차에서 내려 지하도를 따라 역 밖으로 나오니 정면에 고흐 공원이 반긴다. 그저 유럽의 어느 작은 마을 초입 같다. 그 입구 정면에 왜소한 체격의 손에 붓을 쥔 고흐 동상이 보인다. 일단 기념사진부터 찍는다. 고흐가 마지막 머물렀다는 라부여관에 들자, 고흐의 침대와 작은 의자가 그대로 있어 아직도 그가 기거하고 있는 느낌을 준다. 그 여관 곁으로 오베르 교회 작품 배경인 오베르 성당과 오베르 시청이 위치한다.

마을 곳곳에는 고흐의 그림 속 실제 풍경들이 넘쳐난다. 그의 삶이 그대로 담겨 있는 그림 속 장소를 직접 찾아가서 동일한 구조로 사진을 찍어보는 재미도 쏠쏠하다.

성당을 지나 조그만 언덕 오름길을 오르면 학창 시절 교과서를 통해 배웠던 까마귀 나는 밀밭이 넓게 펼쳐진다. 밀밭 사이를 걸으며, 붓끝에서 피어난 수많은 곡선이 실제로 눈앞에 펼쳐져 있는 기쁨을 누린다.

왜 하필이면 밀밭에 까마귀가 나타났을까?

밀밭 바로 옆으로 공동묘지가 있다. 파란 담쟁이넝쿨이 포근히 감싸주고 있다. 고흐와 동생 테오의 깊은 관계를 엿볼 수 있는 장소이다. 생전 단 한 점의 그림만을 팔았던 외롭고 가난한 삶, 그 지난한 형의 삶을 외면하지 않고 감싸 안은 테오, 나란히 누워 있는 형제의 무덤 앞에서 눈을 감자, 말로 표현할 수 없는 슬픔과 깊은 형제애의 연대감이 밀려왔다.

밀밭의 풍요와 공동묘지는 어울리지 않는 불협화음 같다. 그 불협화음을 위대한 예술가로 하여금 수없이 많은 명화로 남기게 한 마을을 떠나기 전 오베르 성으로 향한다. 유럽에 여행하러 온 기분은 온데간데없고 동네를 산책하듯이 걷는 여유로움이 든다. 성에 도착하니 퍼즐처럼 끼워 맞춘 듯 잘 정돈된 정원이 우리를 반긴다. 그렇게 쭉 마을을 돌면서 우리 가족은 고흐의 슬프고도 치열했던 노란 화풍에 빠져들었다. 우리 주변을 둘러싼 모든 풍경이 마치 시간을 멈춘 듯했다.

 파리의 화려함도 좋았지만 예술과 감성, 역사, 그리고 특별한 여유로움에 사로잡혔던 오베르 쉬를 우아즈! 우리 가족에게 정말 근사한 경험이었다. 더구나 필자에게는 '고독한 슬픔'이라는 화두를 선사해 주었다.

용궐산 하늘길 오르며

 순창의 용궐산(龍闕山) 하늘길을 찾았던 얘기다. 하늘길로 들어서자 입구에 치심정기(治心正氣)라고 새긴 큰 돌탑을 만났다. "마음을 다스려 기운을 바르게 한다"라는 뜻이다. 숙연한 자세로 출발을 알리는 말씀이시다.

 가는 날이 장날이라고 부슬부슬 비가 내렸다. 우산을 쓰자니 힘든 산행이 될 것 같고 안 쓰자니 비를 맞을 것처럼 어정쩡한 날씨이다. 우비를 준비하지 못했지만 우리 일행은 결국 우산을 쓰고 천천히 걸었다. 우중 산행 또한 나름대로 운치를 더했다.

 예측하지 못한 상태에서 비가 내렸기 때문인지 등산객 중에는 우비 걸친 사람, 우산 쓴 사람, 비를 맞는 사람 등 각양각색이었다. 을씨년스럽게 비가 내리는 날씨였지만 산행을 즐기는 사람들이 꽤 많아 놀랐다.

터덜터덜 길을 걷는데 아기자기한 돌탑이 반긴다. 힘들고 지친다면 잠시 숨을 돌리며 쉬어가라고 손짓을 하는 것만 같다. 돌탑 모양새를 미루어 짐작할 때 그 길을 오르내리던 풋내기 등산객이 쌓은 작품은 아닐 듯싶고 꽤 내공을 쌓은 석공의 솜씨로 보였다.

오르막 산비탈 길을 오르기 시작한 지 얼마쯤 지났을까. 지치고 지루해지려는 무렵이었다. 큰 집채만 한 바위에 가설된 데크(deck) 길이 눈앞에 나타났는데 매우 인상적이었다. 이 데크 길은 용궐산 하늘길의 시작으로 '리을(ㄹ)'자 형태로 가설되어 있다. 중간중간에 명언이 쓰여 있어 하나하나 읽으며 오르다 보니 나도 모르게 시인이 된 기분을 만끽했다.

8부 능선쯤 오르다 평탄한 잔도를 걸어가면서 내려다본 섬진강 풍경은 장관이었다. 탐방로변에는 용궐산만의 색다른 관광자원을 갖추기 위한 석각이 보였다. 사자성어 등을 유명 서예가의 글씨체로 암벽에 새겨놓은 곳이다.

내리는 비를 맞으며 산꼭대기 하늘길에서 조감(鳥瞰)하는 운치는 가히 신선놀음이 부럽지 않았다. 드높은 산 정상에서 내려다보니 섬진강을 유유히 흐르는 은빛 물줄기는 형용하기 어려운 웅장한 아름다움이었다. 그 정경에 크게 취했지, 싶다. 부지불식간에

'어느새 내 안에 하염없이 흐르는 강물이 출렁였다.

내 안에 겹겹이 싸인 푸른 산들도 출렁였다.'

대기는 습하고 땀이 났지만, 산 정상에서 내려다본 정경의 경이로움은 높은 산에서만 느낄 수 있었던 하염없이 가슴 벅찬 감동이었다.

용궐산 하늘길을 찾고 난 감회가 새롭다. 그곳 바위에 새겨진 글귀처럼 "이곳이 제일강산(第一江山)이로구나!"라고 자연스럽게 동의하게 되었다. 첫 경험의 충격 때문일까. 비 오는 날 산행이 이렇게 운치가 있을 줄이야! 속세에 찌든 몸과 마음이 깨끗이 정화되는 기분이었다. 이 기분 그대로 간직한 채 파전에 막걸리 한잔 마시고 싶어졌다.

큰 바위를 타고 하늘길 시작되는 데크 계단을 오르며 가히 이곳이 제일강산이로구나 하는 견해에 동의하지 않을 수 없었던 용궐산 산행길, 입구 돌탑에 쓰인 '치심정기'라는 글귀처럼 '마음을 다스려 기운을 바르게 했던' 의미 깊은 하루였다.

제주도 참새 할매

TV 동행이란 프로그램에서 우연한 기회로 시청하게 된 사연 한 이야기를 소개해 볼까 한다.

제주도 그곳엔 별난 집이 있다. 오래된 토담집에 여든이 넘은 할머니가 홀로 사신다. 일찍이 남편과 사별하고 하나 남은 딸은 외지로 떠나고 할머니는 나라에서 주는 구호미로 생활하고 계신다.

그런데 그 할머니 집에서 아침저녁으로 기이한 현상을 목격하게 된다. 참새떼가 찾아와 북새를 이루는 것이다. 자기 먹을 양식을 아껴 할머니는 참새 떼에게 푸짐한 성찬을 베풀어준다. 어김없이 이른 아침부터 짹짹하면서 통통하게 살이 오른 귀여운 참새들이 할머니를 불러댄다. 그러면 할머니는 쌀을 바가지에 담아서 나와 훠이훠이 마당에 뿌려놓는다.

백이석

익숙하단 듯이 곧장 마당에 내려앉아 참새들은 열심히 하얀 쌀알을 쪼아 먹는다. 한바탕 아침 식사가 끝나면 참새들은 할머니께 인사라도 하는 듯 꼬리를 깐닥이고 날아간다. 마당에 널려있는 낡은 살림에는 모두 비닐을 씌워놓았는데 그 비닐 위로 새똥 자국이 요란하다.

보은의 흔적이랄까? 할머니는 그래도 웃어 보인다. 싫지 않은 기색이다. 비닐 위에 물을 뿌려서 깨끗이 떨구어내고 닦아낸다. 횟수로 몇 년째, 이제 할머니는 새들을 기다리게 되었고 새들도 시간이 되면 어김없이 몰려와 장관을 이룬다. 할머니는 그저 새가 귀여워서, 내 새끼처럼 예뻐서라고 말씀하신다.

언제 어디서나 한결같이 "자식이 오나" 하며 돌담 밖을 쳐다보았을, 간절한 그리움에 묻힌 세월이 애처롭다. 할머니에게 참새는 자식과도 같은 존재가 아니었을까 생각해 본다. 눈물로 밤을 지새운 날이 이제 그 눈물도 마른 눈물로 변질하여 버린 할머니일까? 쭈글쭈글 깡마른 작은 몸집과 주름 잡힌 얼굴, 가느다란 손목과 새다리처럼 가는 다리를 보면서 연민이 들었다. 할머니는 새똥을 치우는 번거로움도 마다하고 내 새끼처럼 예뻐하셨다.

"참새가 찾아오는 것도 기쁨이요, 날아가는 것도 기쁨이다"라고 하신 할머니의 말씀이 순간 눈시울이 붉어지게 한 대목이었다.

동부수필문학회 연혁 및 기본현황

주　　소　　　여수시 소리면 죽림2길 29-3
전화번호　　　010-6547-0827

창립자

지도위원 임병식

창립회장 엄정숙

창립회원 황동철, 송민석, 곽경자, 김권섭, 이희순, 양달막.
　　　　박주희, 이연화, 김수자(순천), 이임순(광양),
　　　　박지선(광양)

[설립목적]

수필의 르네상스 시대를 맞아 지역 수필 문학의 저변확대와 질적 수준 향상을 통한 창작력 제고 및 동호인 간 교류와 우호 증진을 도모하기 위해 설립되었다.

[변천]

2010년 12월, 원로 수필가 임병식 외 12인의 여수, 순천, 광양 지역 수필 인이 모여 임병식 지도위원, 엄정숙 회장, 양달막 총무 등을 선출하고 매월 한 번씩 모이고 있으며 현재 대다수 회원이 수필작가로 등단하였고 〈한국수필〉〈수필세계〉〈그린에세이〉〈에세이21〉〈푸른솔문학〉〈창작산맥〉 등 수필 전문지에 작품 기고, 각종 문학상 수상 등으로 중앙 수필 문단의 관심과 호평을 받고 있다. 2023. 4월, '법인으로 보는 단체' 등록 (고유번호: 229-82-70059)

[활동 사항]

2015년 11월 동인지 〈동부수필〉 창간호, 2019년 10월 제2집, 2023년 제3집〈민들레 홀씨〉, 2024년 제4집 〈까치소리〉를 출간하였고 매월 모임을 통해 회원 작품 합평 및 토론, 유명 수필가 초청 강연, 수필 교실, 문학기행 등 활발한 활동을 전개해 오고 있으며 그동안 시인 등단 3명, 수필작가 등단 7명, 지역 문학상 수상 2명 중앙 수필 전문지 작품 게재 60여 회, 개인 수필집 및 시집 출간 10회 등 괄목할 만한 성과를 거두는 한편 특히 임병식 지도위원의 작품이 중학교 2학년 국어 교과서에 실리는 쾌거를 이루기도 했다.

[현황] – 2025년 7월 15일 기준 15명

지도위원 임병식

회　　장 이희순

총　　무 양달막

회　　원　엄정숙, 곽경자, 윤문칠 이선덕, 차성애, 박주희,
　　　　　임경화, 김종호, 오순아, 이　화, 이승훈, 백이석

매월 회비, 기부금 등으로 경비 충당 및 동인지 출판

[의의와 평개]

현대는 시, 소설 등 문학의 대표 장르를 넘어 수필 전성기임에 비추어 우리 지역 최초의 수필 전문 문학회로 출범한 〈동부수필문학회〉는 15년의 짧은 연륜임에도 중앙 수필계가 주목할 만큼 활발한 문학 활동을 전개, 지역 수필문학의 저변확대와 수준 향상에 독보적으로 기여하고 있다.